橋本真由子

エコアンダリヤで編む
こま編みのバッグ

朝日新聞出版

contents

ボーダー柄の
マルシェバッグ
6_7

メリヤスこま編みの
巾着バッグ
8

ぺたんこバッグ
9

フリンジバッグ
10

テトラバッグ
11

ワンハンドルバッグ
L・M
12_13

ボックス型ポシェット
14_15

モチーフつなぎの
バッグ
16_17

斜め模様のバッグ
18_19

お手玉バッグ
20_21

ストライプ柄の
バケツ型バッグ
22

ストライプ柄のポーチ
23

こま編み交差の
マルシェバッグ L・S
24_25

ゴールドの
ハンドバッグ
26

編み込み模様の
巾着バッグ
27

リボンの
クラッチバッグ
28_29

丸ハンドルの
半円バッグ
30_31

引き上げ模様の
トートバッグ
32_33

編み込み模様の
トートバッグ
34

ワンハンドルの
かごバッグ
35

リボンの
ショルダーバッグ
36

ブレードを組む
ショルダーバッグ
37

モバイルポシェット
38

「こま編み」について　5

編み始める前に　40_41

作品の編み方　42_92

かぎ針編みの基礎　93_95

「こま編み」について

この本では「こま編み」とその応用で編めるバッグをいろいろ紹介しています（くさり編みと引き抜き編みは使用します）。「こま編み」は、かぎ針編みのもっとも基本的な編み方の一つで、目の詰まった編み地が特徴です。他の編み地に比べて伸びにくく、中に物を入れたときに型崩れがしにくいので、エコアンダリヤのバッグには最適な編み方だと思います。

基本の「こま編み」が編めれば、針を入れる位置や糸の引き出し方を少し変えるだけで、「バックこま編み」「ねじりこま編み」「こま編みのすじ編み」「うね編み」「こま編み引き上げ編み」「こま編み交差」「メリヤスこま編み」「編み込み模様」など、「こま編み」の応用も編めるようになります。これらの編み方を組み合わせると、「こま編み」だけでもいろいろな模様が作れ、バッグのバリエーションが広がります。

「こま編み」をきれいに編むコツは、糸を引き出す長さを一定にして目の大きさをそろえて編むこと。編み目の頭がゆるくなると斜行（編み目が斜めにずれていくこと）しやすくなるので、ゆるみがちな人は気をつけるといいでしょう。前々段に編むときや「引き上げ編み」を編むときは、編み地の高さ分しっかりと糸を引き出すときれいに仕上がります。また輪編みの場合、毎段の最後の引き抜き編みを少しきつめに編むのもポイント。立ち上がりの線が目立ちにくくなります。

本書を通じて「こま編み」とその応用で編む、さまざまな模様のバッグ作りを楽しんでいただけるとうれしいです。

橋本真由子

ボーダー柄のマルシェバッグ

編み方／42ページ

「こま編み」と「こま編み3目一度」の地模様ボーダー柄。
こま編みは3目一度することで、ふっくらと立体的な編み目になります。
基本の編み方だけで編めるので、初心者にもおすすめです。

メリヤスこま編みの巾着バッグ
編み方／44ページ

針を入れる位置を変えて「こま編み」を編むと、
棒針編みのメリヤス編みのような編み地が作れます。
強度のあるしっかりとした編み地なので、
物を入れても型崩れしにくいのもうれしい。

アクセントで加えたのは、糸を長めに引き出して編んだ「こま編み」。
厚紙をはさみながら「こま編み」と同じ要領で編みます。
デイリーに使いやすい、A4ファイルが入るサイズです。

ぺたんこバッグ
編み方／46ページ

フリンジバッグ
編み方／48ページ

底は「こま編み」、側面は「こま編みのすじ編み」で編み、
「すじ編み」の残った糸1本にフリンジをつけます。
最後にスチームアイロンをかけると、
フリンジが見違えるほどきれいにそろいます。

長方形の編み地にファスナーをつけてはぎ合わせると、テトラ型に変身。
「えび編み」の持ち手をつけましたが、つけずにポーチとして使っても。
中に何を入れるか考えるのも楽しい。

テトラバッグ
編み方／50ページ

ワンハンドルバッグ L・M

編み方／51ページ

L

M

「くさり編み」と「こま編み」のくり返しですが、
前々段に「こま編み」を編むことで、編み地に表情が生まれます。
Lは長めのショルダー、Mは持ち手幅を半分にして巻きかがりました。

ボックス型ポシェット

編み方／54ページ

a

2本どりで編むので、ざくざくと編み進めることができます。
面倒なファスナーつけも簡単にできるようにひと工夫しました。
色の違う糸を引きそろえれば、ミックスヤーンのような表情が出ます。

b

モチーフつなぎのバッグ

編み方／78ページ

ベージュと黒の糸を1段ずつ交互に編んだモチーフ。
「こま編み」の前々段を拾う編み方を入れることでストライプのラインが出て、
つなぎ合わせると幾何学模様のようになります。

斜め模様のバッグ

編み方／56ページ

a

「こま編み2目編み入れる」を規則的に編むことで、
自然に斜めの模様が浮き出ます。
入れ口に編んだくさりのループに透け感があって、
涼しげな雰囲気のバッグです。

b

編み地はシンプルな「こま編み」の往復編みですが、
編む手順とまとめ方を工夫すると、
お手玉のような正方形底のバッグが作れます。
持ち方や見る角度によって、いろいろな表情が楽しめます。

a

お手玉バッグ

編み方／58ページ

b

21

「メリヤスこま編み」と
「こま編みのすじ編み」で、
地模様のストライプ柄に。
2種類の編み方の高さをそろえて編むと
きれいに仕上がります。
収納力たっぷりで使いやすい
バケツ型バッグです。

ストライプ柄の
バケツ型バッグ

編み方／62ページ

ストライプ柄のポーチ

編み方／64ページ

p.22のバッグとおそろいのかわいいポーチ。
ファスナーつきだから、中の物をさっと取り出せて実用面も◎。
バッグにしのばせておくと、うれしくなるアイテムです。

こま編み交差のマルシェバッグ L・S

編み方／L 66ページ　S 68ページ

「こま編み交差」はあまり使われない編み方ですが、
実はエコアンダリヤにとても適した編み方で、
ポコポコとした編み目と厚みのあるしっかりとした編み地が特徴です。
LとSの2サイズ展開。

L

s

ゴールドのハンドバッグ
編み方／70ページ

「こま編み交差」と「すじ編み」の組み合わせ。
すじの残った交差の編み目がまっすぐに並びます。
ゴールドやシルバーなどシャイニーな糸がよく合う、
おしゃれなバッグです。

編み込み模様の巾着バッグ
編み方／72ページ

ジグザグ模様が大人っぽい、編み込みのバッグ。
編み込み模様は糸のかえ方の
コツさえつかめば難しくありません。
「すじ編み」で編むと斜行しにくいので、
柄がゆがまずにきれいに出ます。

リボンのクラッチバッグ

編み方／74ページ

「うね編み」で編んだ大きなリボンがポイントのバッグは、
かわいくなりすぎないように黒を選びました。
チェーンは取り外しができるので、
クラッチバッグとしても使えます。

丸ハンドルの半円バッグ

編み方／76ページ

半円形を2枚編んで、まちとはぎ合わせて仕上げます。
側面の編み地には、「こま編み」で放射状のラインを入れました。
夏のコーディネートの主役になれる、存在感抜群のバッグです。

引き上げ模様のトートバッグ
編み方／81ページ

a

側面の六角形の幾何学模様は
一見複雑そうに見えますが、「こま編み」と
「こま編みの表引き上げ編み」で
意外と簡単に編めます。
いろいろなシーンで活躍する、
大容量トートバッグです。

b

33

編み込み模様のトートバッグ
編み方／84ページ

「こま編みのすじ編み」で編む、幾何学の編み込み模様。
1模様が小さいので、リズムよく編めます。
エコアンダリヤは色数が豊富にあるので、
好きな2色の組み合わせを見つけてください。

ワンハンドルのかごバッグ
編み方／86ページ

コロンとした形がかわいいかごバッグは、3段下の目を拾うことで糸が重なり、
厚みと強度のあるしっかりとした編み地になります。
自立するので、お部屋で小物を入れて使うのにもよさそうです。

リボンのショルダーバッグ

編み方／88ページ

上品なサンドベージュで編んだバッグは、
肩にかけたときにリボンが肩にのるデザイン。
側面は「こま編み」を前々段に編み入れ、
斜めの地模様を作りました。

細長いブレードを何本か編んで、
たてと横に交互に組んでまとめます。
「こま編み」が編めれば作れる、意外とシンプルな構造です。

ブレードを組むショルダーバッグ
編み方／90ページ

モバイルポシェット

編み方／92ページ

スマートフォンがぴったりと入るサイズ。
お散歩やちょっとしたお出かけに重宝します。
規則的に「こま編み3目編み入れる」を
編むと自然に斜め模様ができます。

How to make
編み方

- 実際の作品を元に、糸の使用量、針の号数、ゲージ、サイズを記載しています。編む手加減によって異なる場合があります。
- 持ち手をとじつけるときは、毛糸とじ針を使って共糸でとじつけます。
- マグネットホックを縫いつけるときは、共糸または手縫い糸を使います。
- ファスナーを縫いつけるときは、手縫い糸を使います。
- かぎ針編みの基礎は、p.93～95をご参照ください。
- 糸に関するお問い合わせは、p.96をご覧ください。

編み始める前に

《 用意するもの 》

糸

エコアンダリヤ
木材パルプから生まれた再生繊維、レーヨン100%の薄くて軽いテープヤーン。ラフィアのようなサラサラとした手触りが特徴で、色数が豊富にあります。1玉は40g玉巻、糸の長さは約80m。

糸見本は実物大

用具

かぎ針
太さによって2/0～10/0号まであり、数字が大きくなるほど太くなります。持つところにグリップがついたタイプや金属製などがあるので、自分の編みやすい針を選びましょう。初心者にはグリップつきがおすすめです。

毛糸とじ針
縫い針よりも太く、針穴も大きい針。針先が丸くなっているので、糸を割らずにすくうことができます。糸始末や巻きかがり、持ち手をとじつけるときなどに使います。

段目リング
段数、目数を数えるときに使います。段の編み始めにつけて目印にしたり、10段ごとにつけて段数を数えやすくします。

クラフトハサミ
糸を切るときに使います。先が細くてよく切れる手芸用のハサミがおすすめです。

スプレーのり (H204-614)
スチームアイロンで形を整えてから（p.41参照）スプレーのりをかけると、バッグの形状が長く保たれます。

《 ゲージについて 》

ゲージとは「一定の大きさ（写真はたて×横10cm角）の中に編み目が何目、何段入るか」を示しています。本と同じ糸、同じ針で編んでも編む人の手加減によってゲージは変わることがあります。15cmくらいの編み地を試しに編んでみてゲージを測り、表示のゲージと異なる場合は次の方法で調整しましょう。

10cm = 16段
10cm = 14目

〔目数・段数が表示よりも多い場合〕
手加減がきついので、編み上がりが作品よりも小さくなります。表示よりも1～2号太い針で編みましょう。

〔目数・段数が表示よりも少ない場合〕
手加減がゆるいので、編み上がりが作品よりも大きくなります。表示よりも1～2号細い針で編みましょう。

《 エコアンダリヤの扱い方 》

糸の取り出し方

エコアンダリヤはビニールの袋に入れたまま、糸玉の内側から糸端を取り出して使います。ラベルを外すと糸がほどけて編みにくくなるので、外さないようにしましょう。

編み方

編み進めていくと編み地がうねりますが、そのまま気にせず編んで大丈夫。あとでスチームアイロンを編み地から2〜3cm浮かせて当てると、驚くほどきれいに編み地が整います。

ほどいた糸は？

編み間違えてほどいた糸は、クセがついてそのまま編んでも目がそろいません。ほどいた糸から2〜3cm離してスチームアイロンを当てると、糸が伸びて元通りになります。

斜行について

輪に編み進めていくと、編み目が少しずつ傾いていくことがあり、これを「斜行」と言います。斜行の具合は編む手加減によって異なり、自然に起こることなのであまり気にすることはありません。バッグの側面が斜行した場合は、持ち手をつけるときに指定の目数にはこだわらず、側面の中央に2本の持ち手がくるようにしてつけましょう。

仕上げ方

バッグの中にタオルなどを入れ、編み地から2〜3cm離してスチームアイロンを当て、手で形を整えます。「ボックス型ポシェット」「モチーフつなぎのバッグ」「引き上げ模様のトートバッグ」などパーツを編んで組み立てる作品は、組み立てる前にそれぞれの編み地にスチームを当てるときれいに仕上がります。スチームを当てたあとは、完全に乾くまでそのまま置いておきます。

ボーダー柄の マルシェバッグ

写真6-7ページ

〔用意するもの〕
糸：ハマナカ エコアンダリヤ（40g玉巻）
ベージュ（23）230g
針：6/0号かぎ針

〔ゲージ〕
こま編み　18目＝10cm　18段＝9.5cm
模様編み　18目＝10cm　7段＝5.5cm

〔サイズ〕入れ口幅46.5cm　深さ26cm

〔編み方〕糸は1本どりで編みます。
底は糸端を輪にし、こま編みを7目編み入れます。2段めからは図のように増しながらこま編みで18段めまで編みます。続けて側面をこま編みと模様編みで目を増しながら編み、バックこま編みを編みます。持ち手はくさり65目を作り目し、こま編みで編みますが、最終段の中央45目は作り目側を重ねて引き抜き編みをします。持ち手を内側にとじつけます。

底と側面の目数と増し方

	段	目数	増し方
側面	43	168目	
	34～42	168目	増減なし
	27～33	168目	
	26	168目	14目増す
	19～25	154目	増減なし
	12～18	154目	
	11	154目	14目増す
	6～10	140目	増減なし
	5	140目	7目増す
	3・4	133目	増減なし
	2	133目	7目増す
	1	126目	増減なし
底	18	126目	
	17	119目	
	16	112目	
	15	105目	
	14	98目	
	13	91目	
	12	84目	
	11	77目	毎段7目増す
	10	70目	
	9	63目	
	8	56目	
	7	49目	
	6	42目	
	5	35目	
	4	28目	
	3	21目	
	2	14目	
	1	7目編み入れる	

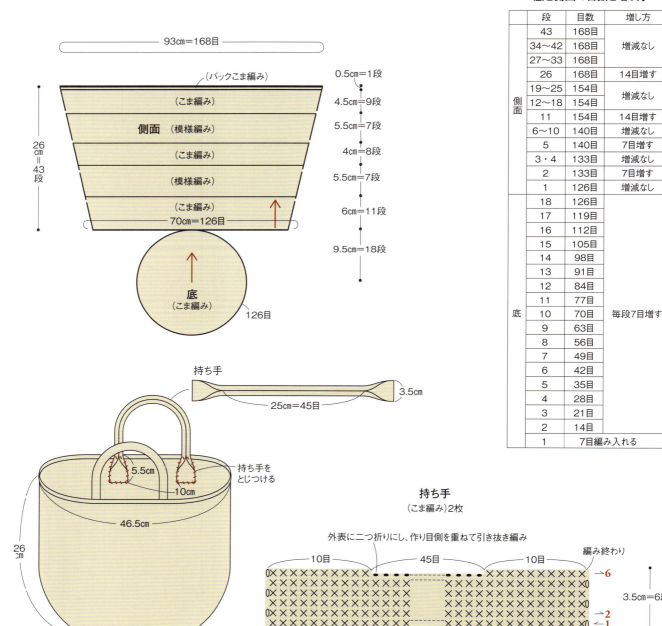

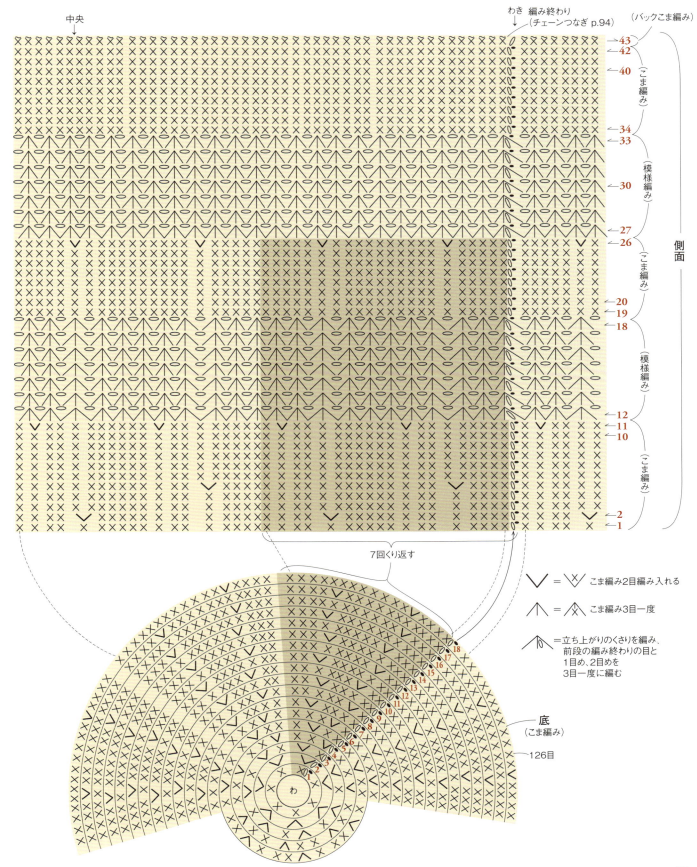

メリヤスこま編みの巾着バッグ

写真8ページ

〔用意するもの〕
糸：ハマナカ エコアンダリヤ（40g玉巻）
ベージュ（23）200g
針：6/0号かぎ針
その他：内径1cmのハトメ8個
直径0.8cmのコード150cm

〔ゲージ〕 メリヤスこま編み
17目、20段＝10cm角

〔サイズ〕 入れ口幅35cm 深さ25.5cm

〔編み方〕 糸は1本どりで編みます。
底はくさり26目を作り目し、こま編みを編みます。2段めからはメリヤスこま編みで図のように増しながら編みます。続けて側面をメリヤスこま編みでコード通し穴をあけながら編み、バックこま編みを編みます。コード通し穴にハトメをつけ、コードを通して結びます。

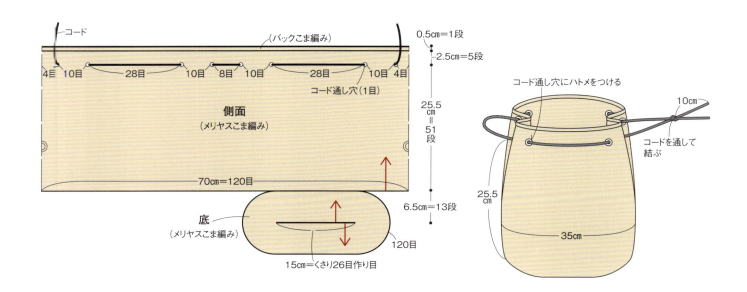

メリヤスこま編みの編み方

○わかりやすいように糸の色をかえています。

1 前段のこま編みの足2本の間（●）に針を入れる。このとき、こま編みの足の裏側にある1本は左側におく。

2 針に糸をかけて引き出し、少しゆるめにこま編みを編む。

3 メリヤスこま編みが1目編めた。きつく編むと、針が入れにくくなるので注意する。

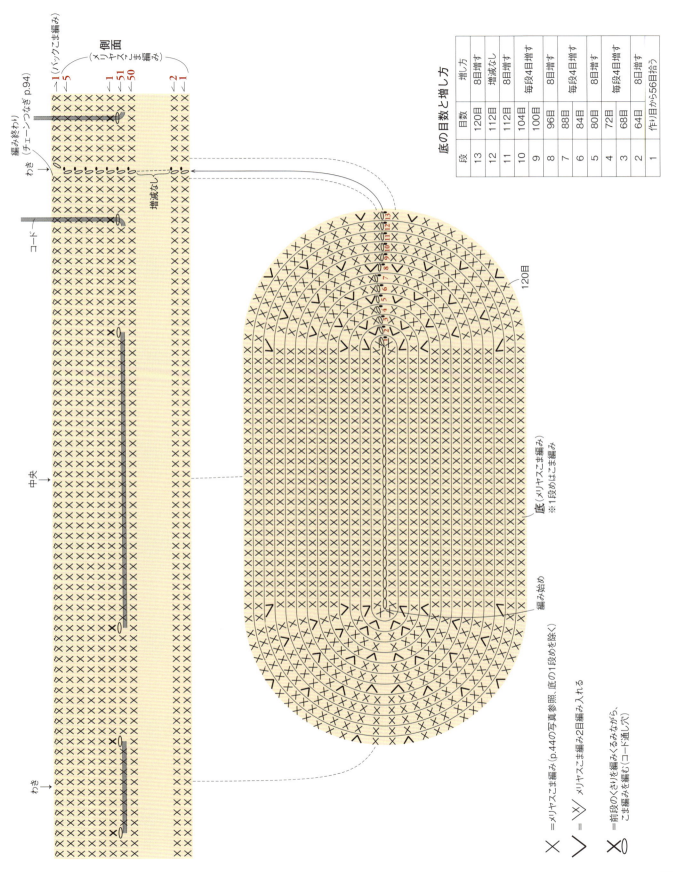

ぺたんこバッグ

写真9ページ

〔用意するもの〕
糸：ハマナカ エコアンダリヤ（40g玉巻）
ベージュ（23）200g
針：6/0号かぎ針
その他：幅2cm、長さ10cmの厚紙
〔ゲージ〕 模様編み　18目＝10cm
2模様（20段）＝13.5cm
〔サイズ〕 入れ口幅31.5cm　深さ32.5cm

〔編み方〕　糸は1本どりで編みます。
底はくさり50目を作り目し、こま編みで図のように増しながら3段めまで編みます。続けて側面を模様編みで50段編み、ねじりこま編みを編みます。持ち手はくさり100目を作り目し、こま編みとねじりこま編みで編みます。持ち手を内側にとじつけます。

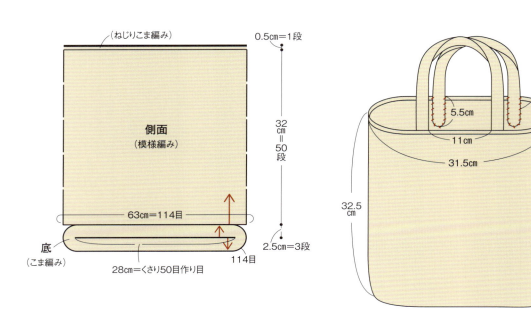

模様編みの11段めと12段めの編み方

1
11段め。厚紙（幅2cm、長さ10cm）を当て、前段の頭に針を入れる（立ち上がりのくさりは長さ2cmに伸ばす）。

2
厚紙の向こう側から針に糸をかけて引き出し、こま編みを編む。厚紙は少しずつずらしながら編む。

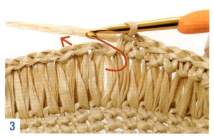

3
12段めは、前段のこま編みの足2本の間に針を入れ（こま編みの足の裏側にある1本は左側におく）、こま編みを編む。

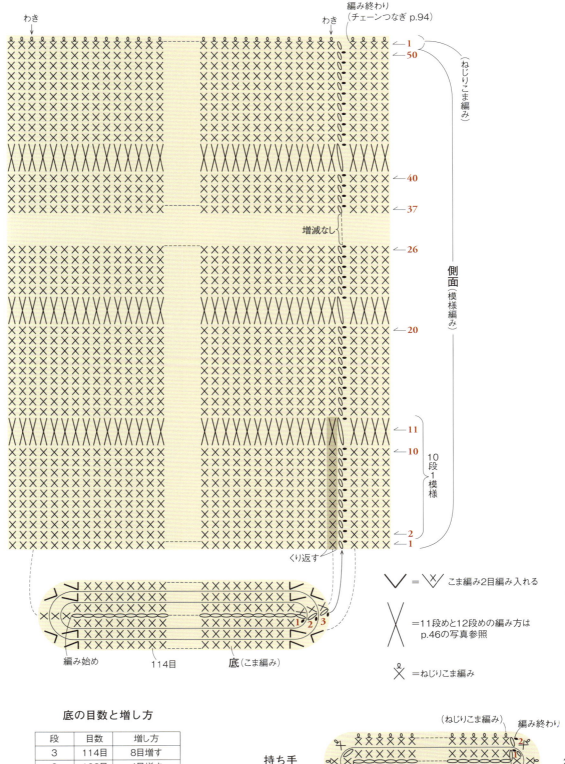

底の目数と増し方

段	目数	増し方
3	114目	8目増す
2	106目	4目増す
1	作り目から102目拾う	

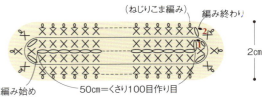

47

フリンジバッグ
写真10ページ

〔用意するもの〕
糸：ハマナカ エコアンダリヤ（40g玉巻）
グリーン（17）110g
針：6/0号かぎ針

〔ゲージ〕
こま編み　18目、17段＝10cm角
こま編みのすじ編み
18目、15.5段＝10cm角

〔サイズ〕　底の直径15cm　深さ18.5cm

〔編み方〕　糸は1本どりで編みます。
底は糸端を輪にし、こま編みを7目編み入れます。2段めからは図のように増しながらこま編みで13段めまで編みます。続けて側面を1段めで増し目をし、こま編みのすじ編みとこま編みで編みます。持ち手はこま編みで編みます。持ち手の合印どうしを突き合わせにして全目の巻きかがりにします。入れ口と持ち手まわりにこま編みを編みます。側面の指定の位置にフリンジをつけます。

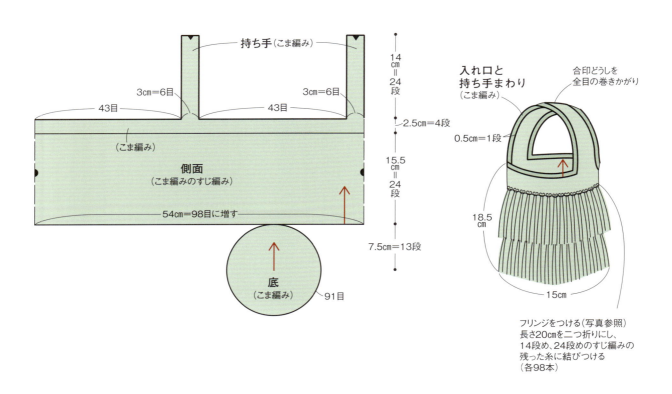

フリンジのつけ方

○わかりやすいように糸の色をかえています。

1 指定の段の（ここでは24段め）の頭の残った1本に下から針を入れ、長さ20cmの糸を二つ折りにして針先にかけて引き出す。

2 引き出した糸の輪の中に糸端側を通す。

3 糸を引き出し、ゆるまないようにしっかりと引き締める。

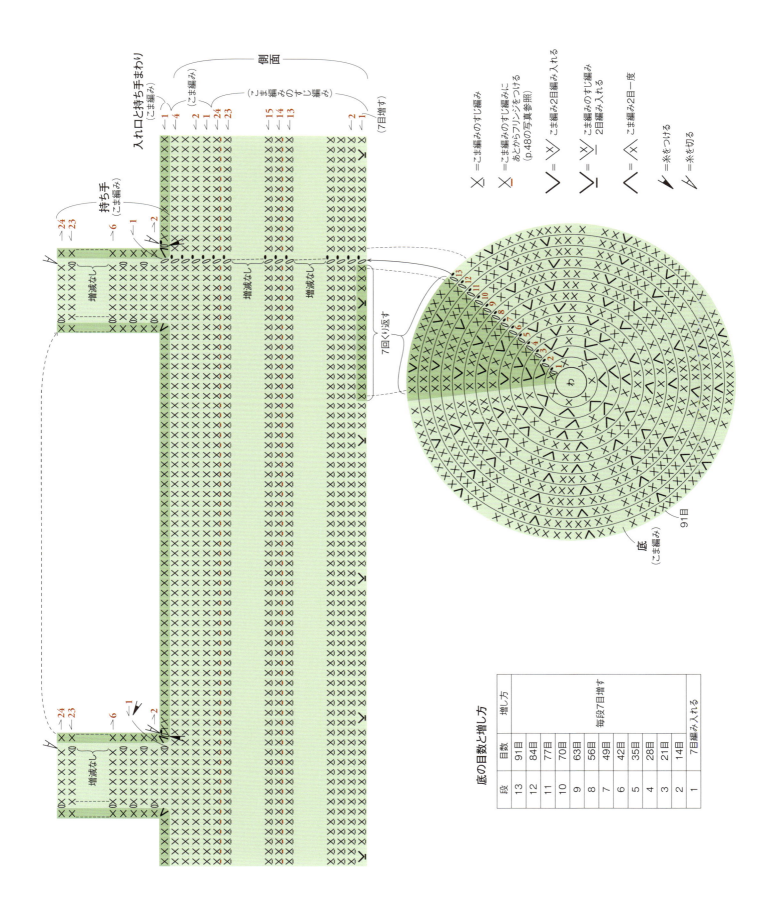

テトラバッグ
写真11ページ

〔用意するもの〕
糸：ハマナカ エコアンダリヤ（40g玉巻）
ベージュ（23） 85g
針：6/0号かぎ針
その他：長さ20cmのファスナー
手縫い糸　手縫い針
〔ゲージ〕　模様編み
18目、16段＝10cm角
〔サイズ〕　図参照

〔編み方〕　糸は1本どりで編みます。
本体はくさり38目を作り目し、模様編みで増減なく編みます。本体にファスナーを縫いつけ、合印どうしを合わせて2枚一緒にこま編みでとじ合わせます。肩ひもをえび編みで編み、内側にとじつけます。

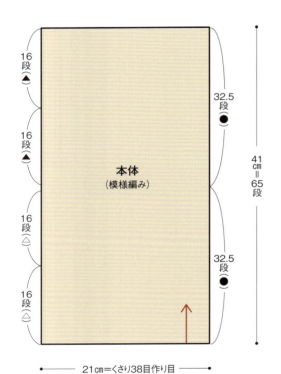

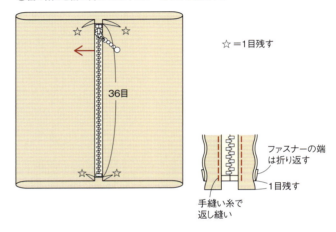

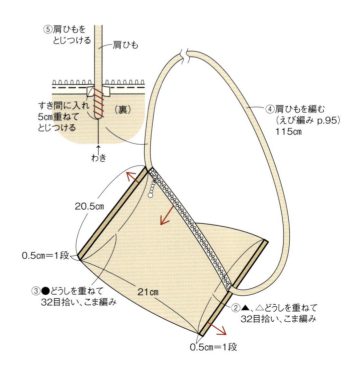

ワンハンドルバッグ L・M

写真12-13ページ

〔用意するもの〕
糸：ハマナカ エコアンダリヤ（40g玉巻）
L　シルバー（174）350g
M　黒（30）265g
針：7/0号かぎ針
その他：直径1.8cmのマグネットホック1組

〔ゲージ〕 模様編み
20目、25段＝10cm角

〔サイズ〕
L　入れ口幅40cm　深さ33cm
M　入れ口幅40cm　深さ22.5cm

〔編み方〕 糸は1本どりで編みます。
底はくさり39目を作り目し、模様編みで図のように増しながら編みます。続けて側面を模様編みで輪に編みます。入れ口と持ち手は指定の位置に糸をつけ、模様編みで往復に編みます。持ち手の合印どうしを突き合わせにして全目の巻きかがりにします。入れ口と持ち手まわりに縁編みを編みます。Mは持ち手を外表に突き合わせにし、中央を巻きかがります。マグネットホックをつけます。

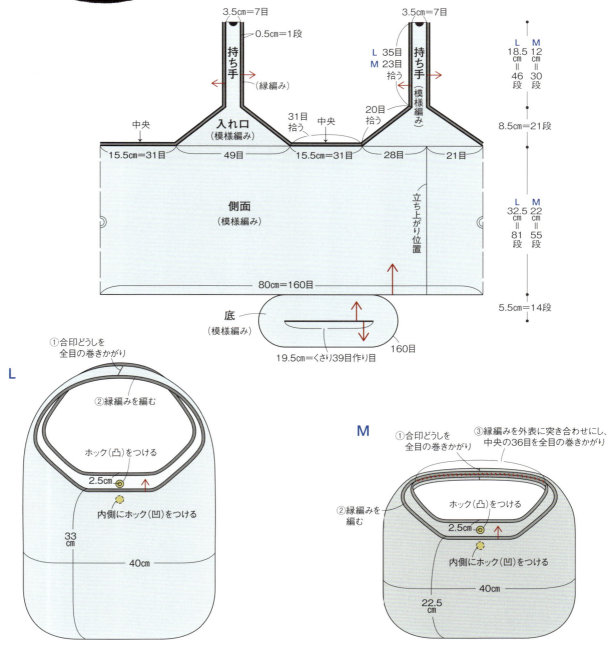

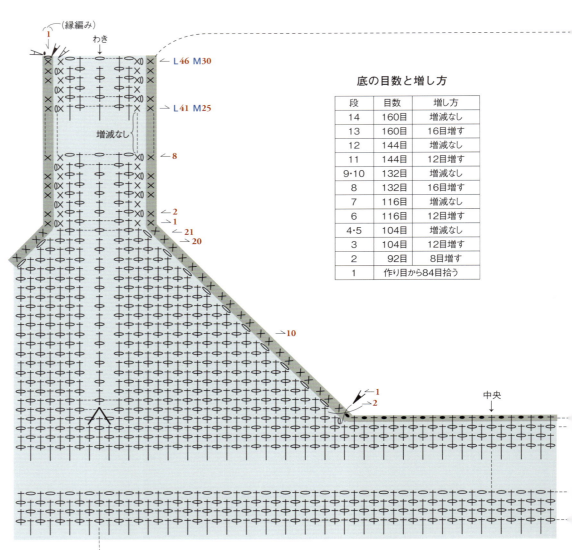

底の目数と増し方

段	目数	増し方
14	160目	増減なし
13	160目	16目増す
12	144目	増減なし
11	144目	12目増す
9・10	132目	増減なし
8	132目	16目増す
7	116目	増減なし
6	116目	12目増す
4・5	104目	増減なし
3	104目	12目増す
2	92目	8目増す
1	作り目から84目拾う

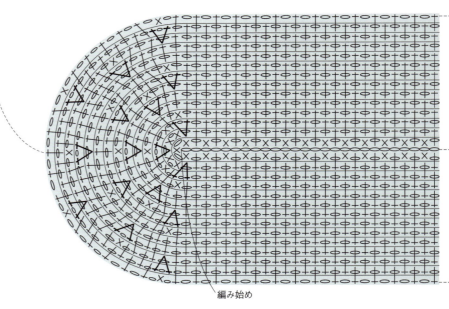

⊕ の編み方

前々段のこま編みの頭に針を入れ、前段のくさりを編みくるみながらこま編みを編む。

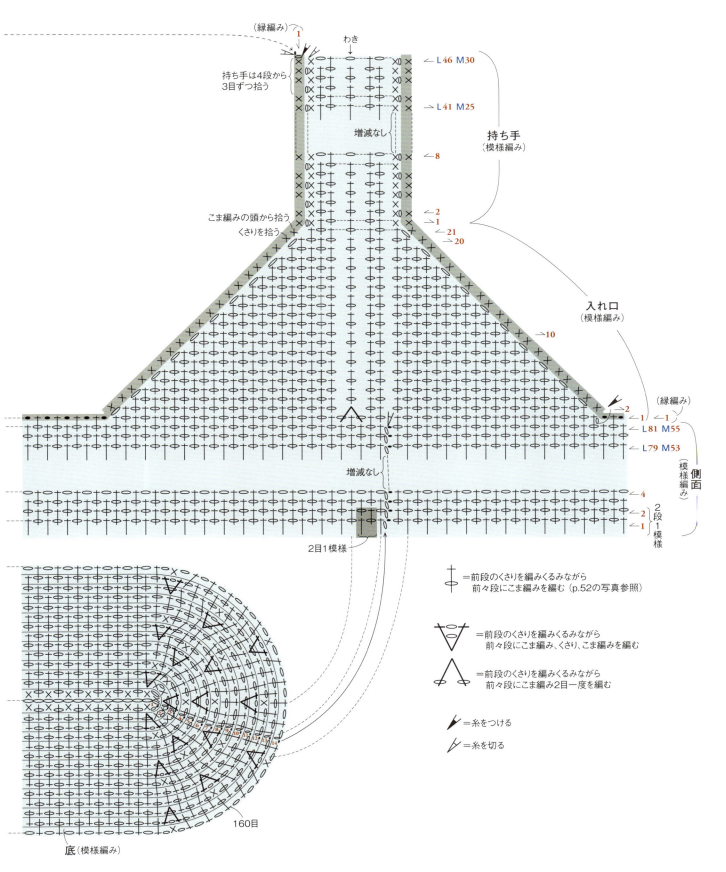

ボックス型ポシェット

写真14-15ページ

〔用意するもの〕
糸：ハマナカ エコアンダリヤ（40g玉巻）
a　赤（37）90g　白（1）90g
b　ベージュ（23）180g
針：10/0号かぎ針
その他：長さ25cmのファスナー
内径2cmのDカン2個
手縫い糸　手縫い針
〔ゲージ〕　こま編み（糸2本どり）
13目＝10cm　11段＝9cm
〔サイズ〕　図参照

〔編み方〕　aは赤と白各1本の引きそろえ、bは糸2本どりで編みます。
側面は糸端を輪にし、こま編みを8目編み入れます。2段めからは図のように増しながらこま編みで四角形に編みます。まちはくさり92目を作り目して輪にし、ファスナーつけ位置をあけながらこま編みで編みます。まちにファスナーを縫いつけます。側面とまちを外表に重ね、側面側から2枚一緒にこま編みでとじ合わせます。肩ひもはくさりで作り目してこま編みで編みます。Dカンをとじつけ、肩ひもをつけます。

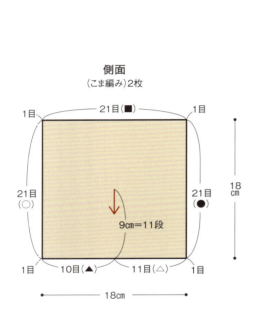

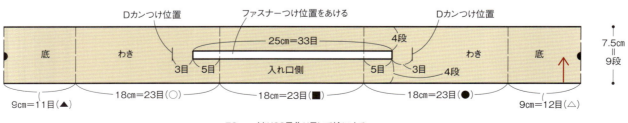

側面

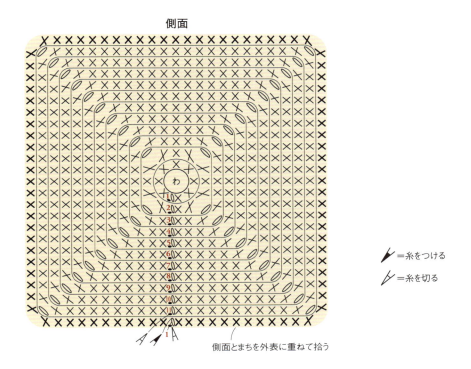

↗ = 糸をつける
↗ = 糸を切る

側面とまちを外表に重ねて拾う

まち

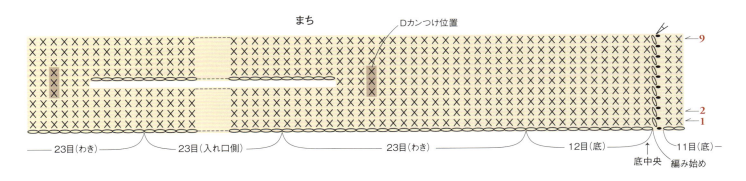

肩ひも
(こま編み)

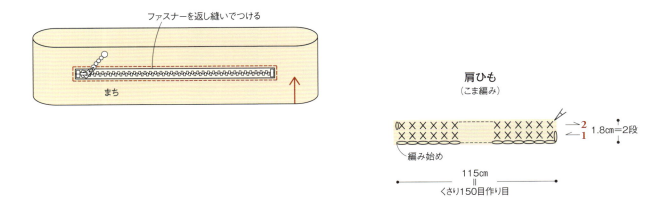

斜め模様のバッグ

写真18-19ページ

〔用意するもの〕
糸：ハマナカ エコアンダリヤ（40g玉巻）
a　白（1）240g
b　コバルトブルー（901）240g
針：7/0号かぎ針

〔ゲージ〕メリヤスこま編みの模様編み 18目（9模様）、21段＝10cm角

〔サイズ〕入れ口幅34.5cm　深さ24cm

〔編み方〕糸は1本どりで編みます。
底はくさり40目を作り目し、こま編みを編みます。2段めからはメリヤスこま編みの模様編みで図のように増しながら編みます。続けて側面をメリヤスこま編みの模様編みで段をつけずにぐるぐると編みます。指定の位置に糸をつけ、入れ口をくさり編みで編みます。持ち手はくさり80目を作り目し、こま編みで編みます。図のように10ループずつ重ね、持ち手を通してとじつけます。持ち手を外表に突き合わせにし、中央を巻きかがります。

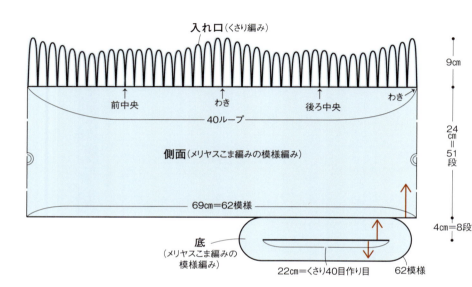

底の目数と増し方

段	目数	増し方
8	124目（62模様）	増減なし
7	124目（62模様）	8模様増す
5・6	108目（54模様）	増減なし
4	108目（54模様）	8模様増す
3	92目（46模様）	増減なし
2	92目（46模様）	8目増す
1	作り目から84目拾う	

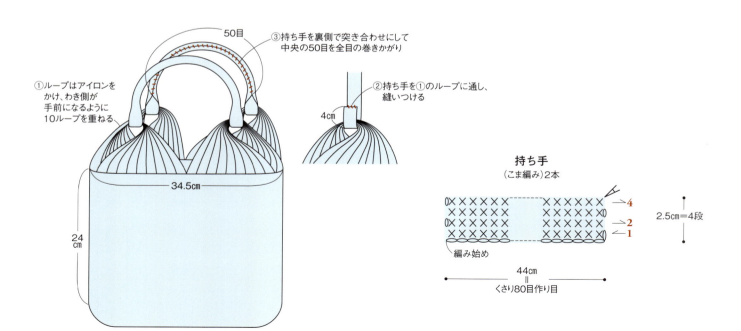

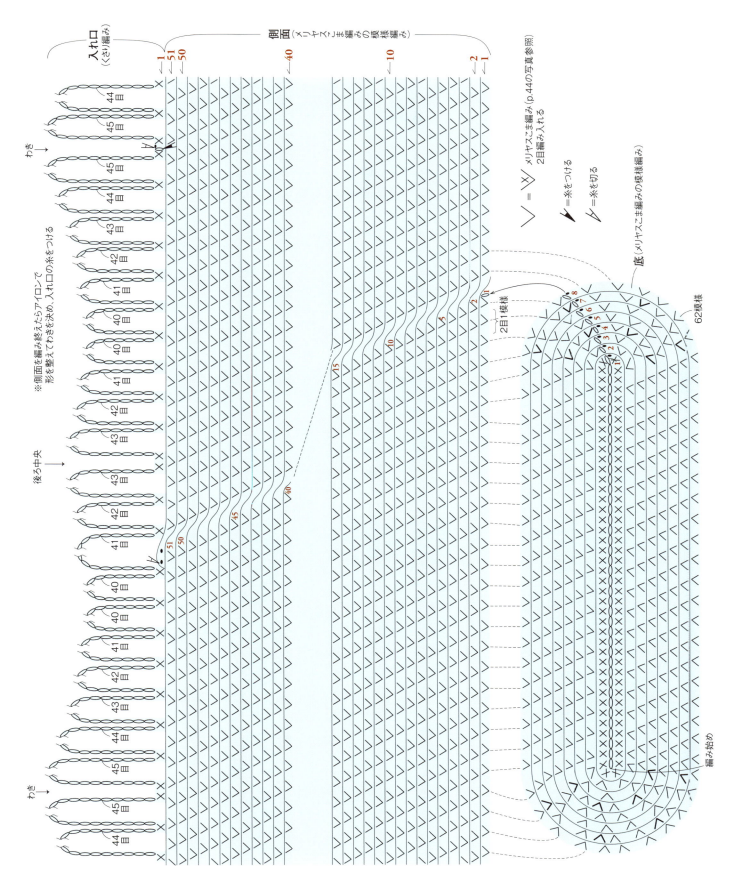

お手玉バッグ

写真20-21ページ

[用意するもの]
糸：ハマナカ エコアンダリヤ（40g玉巻）
a　ブラウン（159）140g
　　レトログリーン（68）60g
　　コバルトブルー（901）60g
b　グリーン（17）140g
　　ライトグレー（148）60g
　　ブラウン（159）60g
針：6/0号かぎ針

[ゲージ]　こま編み　18目、18段＝10cm角
[サイズ]　図参照

[編み方]　糸は1本どりで編みます。
本体は①～④の順に編みます。①はくさり26目を作り目し、こま編みで往復に86段編みます。
②は①から拾い目し、13目ずつ色をかえながら編みます（p.61の写真参照）。③は②から拾い目し、①と同様に編みます。④は③から拾い目し、②と同様に編みます。入れ口以外の①～④を巻きかがりではぎ合わせます。入れ口と持ち手はこま編みで編みますが、2段めでくさり50目ずつを作り目し、図のように編みます。

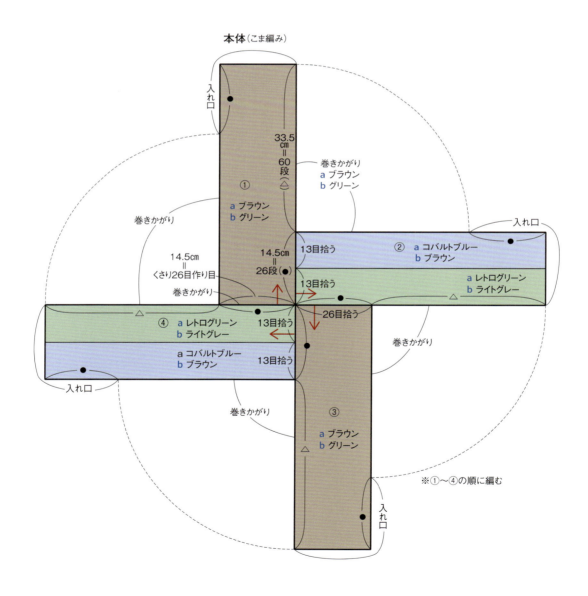

58

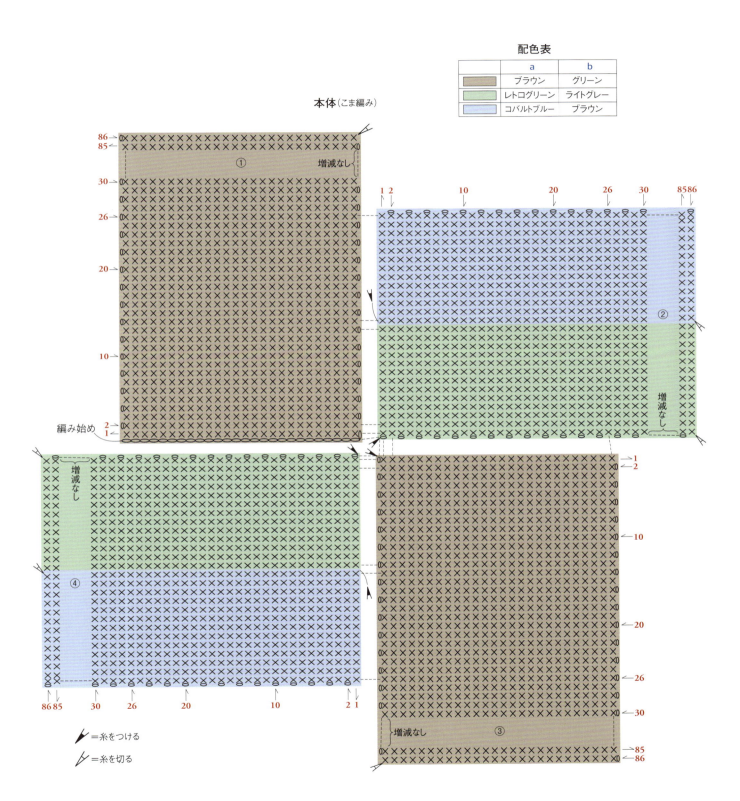

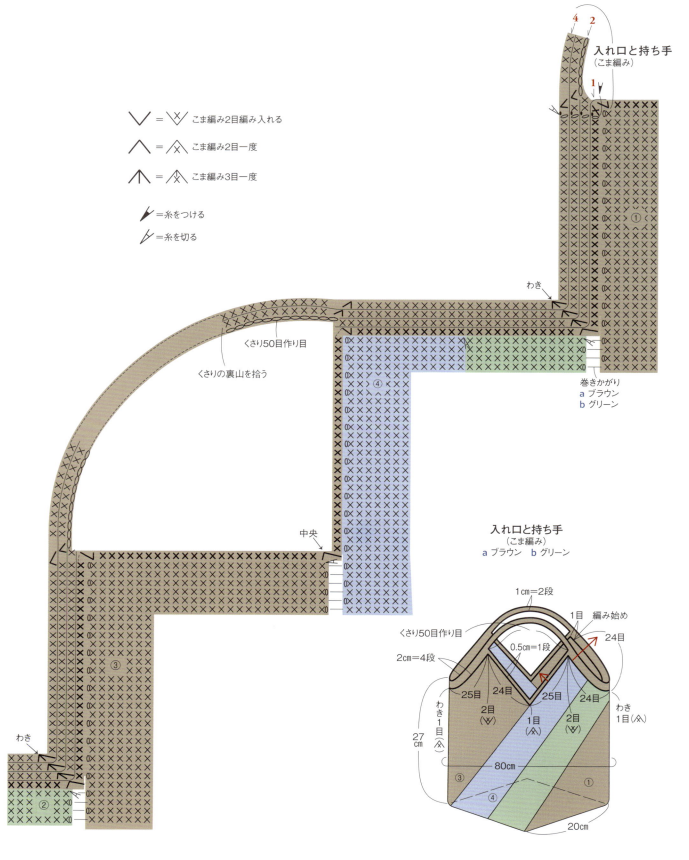

目の拾い方と色のかえ方

○aの配色で解説しています。　○巻きかがりの糸は色をかえています。

1
①を編む。レトログリーン（以下グリーン）の糸をつけ、①から1段に1目ずつ拾ってこま編みを編む（くさりと編み終わりのこま編みは目を割って針を入れる）。

2
13目めのこま編みを引き抜く手前まで編んだら、グリーンの糸を手前から向こう側にかける。

3
コバルトブルー（以下ブルー）の糸をかけて引き抜く。

4
引き抜いたところ。グリーンの糸は切らずに残しておく。

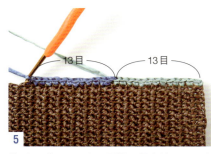

5
続けてブルーの糸で同様に目を拾い、こま編みを13目編む。

6
立ち上がりのくさりを編み、編み地を裏返して2段めのこま編みを編む。

7
ブルーの糸で13目めのこま編みを引き抜く手前まで編んだら、ブルーの糸を向こう側から手前にかける。

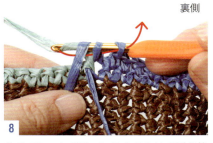

8
休めておいたグリーンの糸をかけて引き抜く。

9
引き抜いたところ。

巻きかがり

10
続けてグリーンでこま編みを編む。

11
3段めの色をかえるところは、**2〜4**と同様にかえる。裏側（偶数段）でかえるときは**7〜9**と同様にかえる。

①〜④まで編んだら、巻きかがりではぎ合わせる（くさりと編み終わりのこま編みは目を割って針を入れる）。巻きかがりの糸は長くすると摩擦で切れるので注意する。

ストライプ柄の
バケツ型バッグ
写真22ページ

〔用意するもの〕
糸：ハマナカ エコアンダリヤ（40g玉巻）
ベージュ（23）230g
針：6/0号かぎ針
その他：長さ4.5cmの竹ボタン1個
〔ゲージ〕　模様編みA
18目、20段＝10cm角
〔サイズ〕　入れ口幅33.5cm　深さ28cm

〔編み方〕　糸は1本どりで編みます。
底は糸端を輪にし、こま編みを8目編み入れます。2段めからは図のように増しながらメリヤスこま編みで19段めまで編みます。続けて側面を模様編みAで増減なく編み、肩ひもを模様編みBで編みます。肩ひもの合印どうしを突き合わせにして全目の巻きかがりにします。タッセルを作ってつけ、ボタンをつけます。

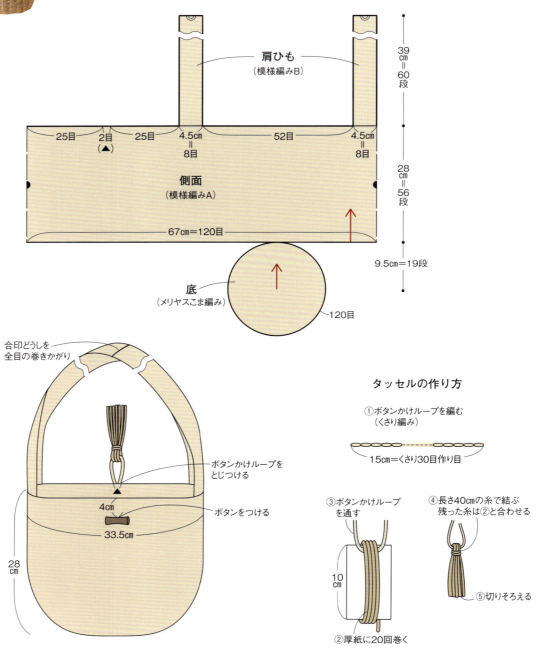

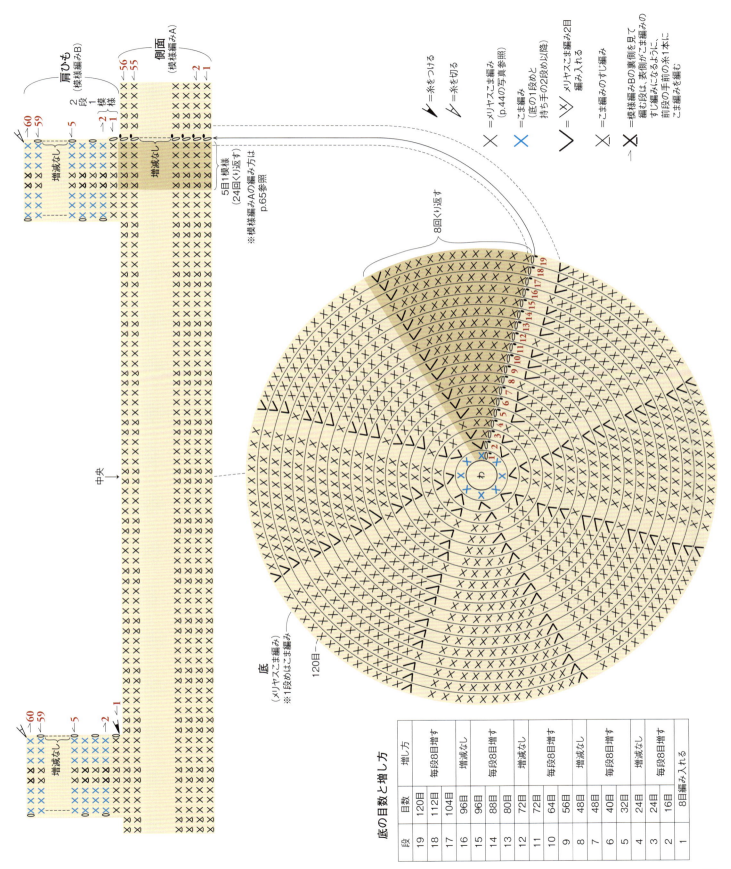

底の目数と増し方

段	目数	増し方
19	120目	増減なし
18	112目	毎段8目増す
17	104目	毎段8目増す
16	96目	増減なし
15	96目	毎段8目増す
14	88目	毎段8目増す
13	80目	増減なし
12	72目	毎段8目増す
11	72目	増減なし
10	64目	毎段8目増す
9	56目	毎段8目増す
8	48目	増減なし
7	48目	毎段8目増す
6	40目	毎段8目増す
5	32目	増減なし
4	24目	毎段8目増す
3	24目	増減なし
2	16目	毎段8目増す
1	8目編み入れる	

ストライプ柄のポーチ

写真23ページ

〔用意するもの〕
糸：ハマナカ エコアンダリヤ（40g玉巻）
ベージュ（23）65g
針：6/0号かぎ針
その他：長さ20cmのファスナー
手縫い糸　手縫い針

〔ゲージ〕　模様編み
18目、20段＝10cm角

〔サイズ〕　入れ口幅22.5cm　深さ12cm

〔編み方〕　糸は1本どりで編みます。
底はくさり14目を作り目し、こま編みを編みます。2段めからはメリヤスこま編みで図のように増しながら編みます。続けて側面を模様編みで増減なく編み、縁編みはわきで目を減らしながら編みます。入れ口にファスナーを縫いつけ、タッセルを作ってつけます。

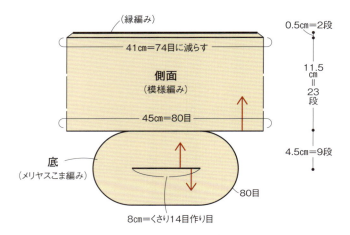

底の目数と増し方

段	目数	増し方
9	80目	毎段8目増す
8	72目	
7	64目	増減なし
6	64目	毎段8目増す
5	56目	
4	48目	増減なし
3	48目	毎段8目増す
2	40目	
1	作り目から32目拾う	

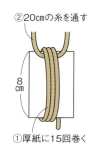

タッセルの作り方

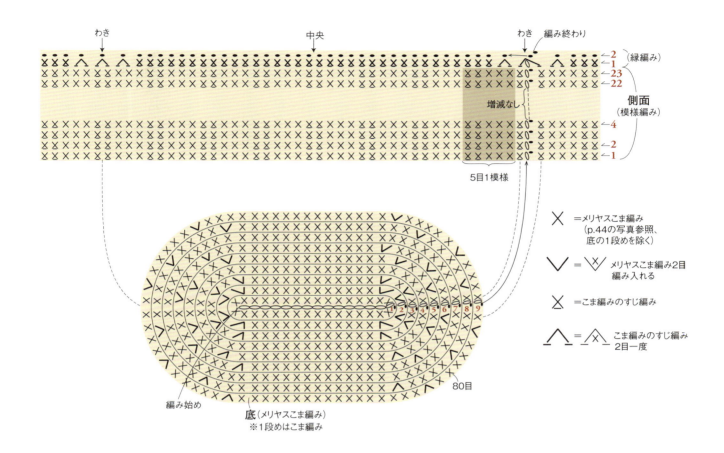

模様編みの編み方

1 p.44の「メリヤスこま編みの編み方」を参照して、メリヤスこま編みを編む。

2 メリヤスこま編みで3目編む。

3 前段の頭の向こう側1本に針を入れ、こま編みのすじ編みを2目編む。1〜3をくり返す。

65

こま編み交差の マルシェバッグ L・S

写真 24-25 ページ

L

S

〔用意するもの〕
糸：ハマナカ エコアンダリヤ（40g玉巻）
L　ベージュ（23）285g
S　レトロブルー（66）170g
針：6/0号かぎ針
〔ゲージ〕　模様編み　23目、13.5段＝10cm角
〔サイズ〕
L　入れ口幅43.5cm　深さ32.5cm
S　入れ口幅31cm　深さ23.5cm
〔編み方〕　糸は1本どりで編みます。
底は糸端を輪にし、こま編みを8目編み入れます。2段めからは図のように増しながら模様編みで12段めまで編みます。続けて側面を模様編みで、Lは目を増しながらSは増減なく編みます。入れ口と持ち手は模様編みで編みますが、指定の位置でくさりを作り目し、持ち手の両端で目を減らしながら編みます。

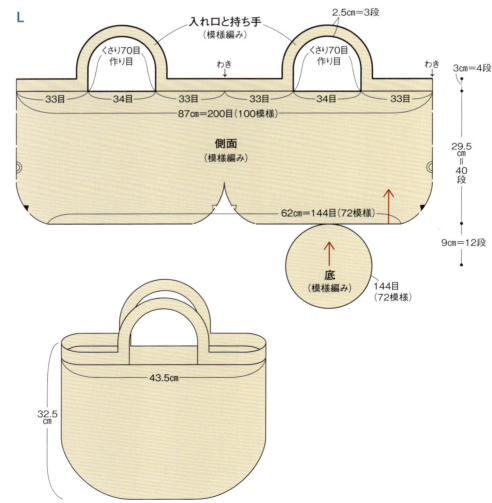

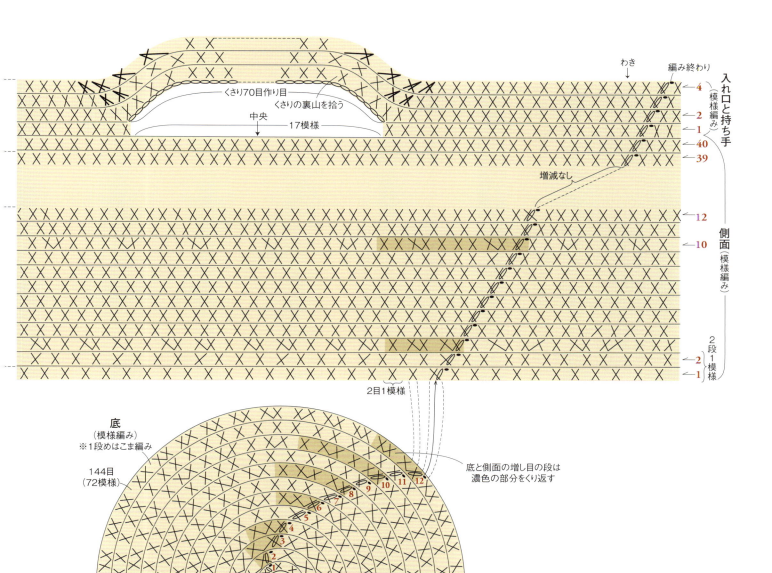

	段	目数（模様数）	増し方
側面	11〜40	200目(100模様)	増減なし
	10	200目(100模様)	10模様増す
	4〜9	180目(90模様)	増減なし
	3	180目(90模様)	18模様増す
	1・2	144目(72模様)	増減なし
底	12	144目(72模様)	18模様増す
	11	108目(54模様)	増減なし
	10	108目(54模様)	9模様増す
	9	90目(45模様)	増減なし
	8	90目(45模様)	9模様増す
	7	72目(36模様)	増減なし
	6	72目(36模様)	12模様増す
	5	48目(24模様)	増減なし
	4	48目(24模様)	毎段8模様増す
	3	32目(16模様)	
	2	16目(8模様)	8目増す
	1	8目編み入れる	

底と側面の目数と増し方

こま編み交差（p.69の写真参照）
1のこま編みを編んだら
1を編みくるみながら2のこま編みを編む

1のこま編み2目一度を編んだら
1を編みくるみながら2のこま編みを編む
（p.69の写真参照）

67

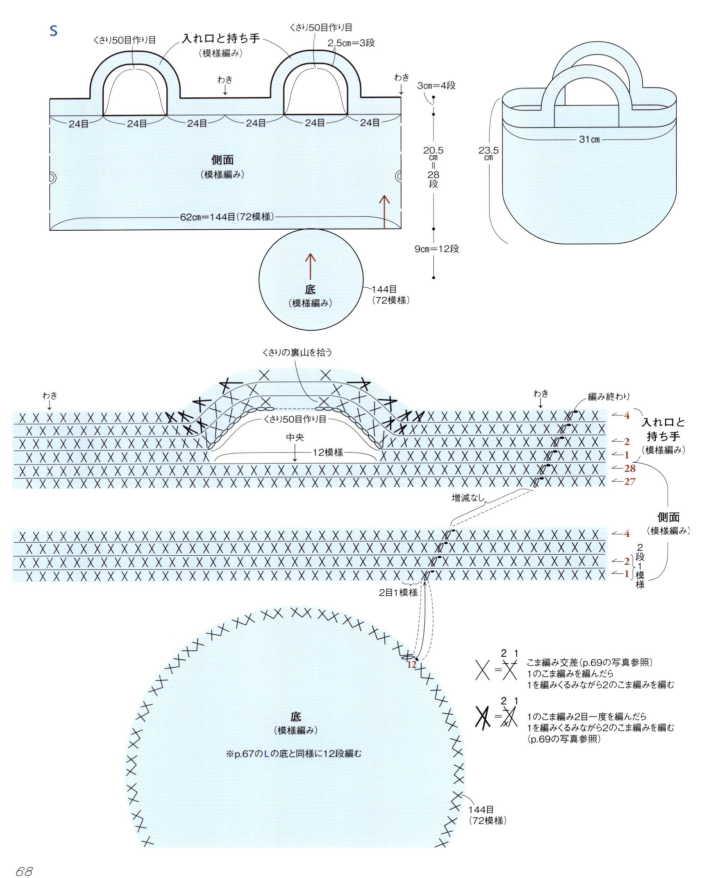

こま編み交差の編み方

1
1目とばして1目先の目にこま編みを編む。

2
1目手前のとばした目に針を入れ、1で編んだ目を編みくるむように糸を引き出し、こま編みを編む。

3
こま編み交差が編めた。

段の編み始め

1
立ち上がりの目を編んだら、前段の最初の目にこま編みを1目編む。

2
1目手前の目（前段の最後の目）に針を入れ、1で編んだ目を編みくるむようにこま編みを編む。

3
こま編み交差が編めた。立ち上がりのくさりも一緒に編みくるまれる。

持ち手の減らし目の編み方

1
1目とばし、指定の位置でこま編み2目一度を編む。

2
1目手前のとばした目に針を入れる。

3
1で編んだ2目一度の目を編みくるむように糸を引き出し、こま編みを編む。こま編みとこま編み2目一度の交差が編めた。

p.70-71 こま編みのすじ編み交差の編み方　○わかりやすいように糸の色をかえています。

1
1目とばして1目先の目にこま編みのすじ編み（p.93参照）編む。

2
1目手前のとばした目に針を入れ、1で編んだ目を編みくるむように糸を引き出し、こま編みをのすじ編みを編む。

3
こま編みのすじ編み交差が編めた。

ゴールドのハンドバッグ

写真26ページ

〔用意するもの〕
糸：ハマナカ エコアンダリヤ（40g玉巻）
　　ゴールド（170）150g
針：6/0号かぎ針
その他：直径1.8cmのマグネットホック1組

〔ゲージ〕
模様編みA　22目、11段＝10cm角
模様編みB　22目、13段＝10cm角

〔サイズ〕　入れ口幅32.5cm　深さ27cm

〔編み方〕　糸は1本どりで編みます。
底はくさり30目を作り目し、こま編みを編みます。2段めからは模様編みAで図のように増しながら編みます。続けて側面を模様編みAで輪に編みます。持ち手は指定の位置に糸をつけ、模様編みBで往復に編みます。ベルトはくさり21目を作り目し、模様編みBで目を増しながら往復に編み、続けてつけ側にこま編みを編みます。持ち手の合印どうしを突き合わせにし、全目の巻きかがりにし、外表に二つ折りにして巻きかがりにします。ベルトを後ろ側にとじつけ、マグネットホックをつけます。

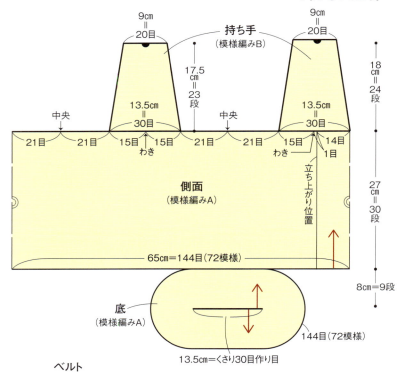

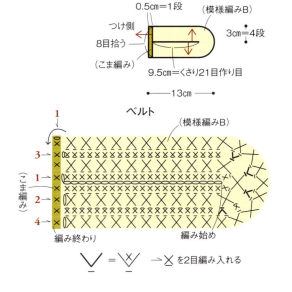

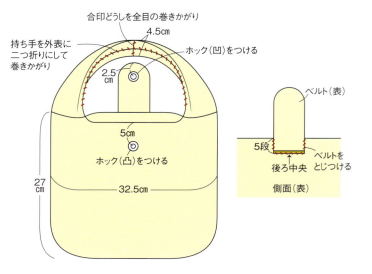

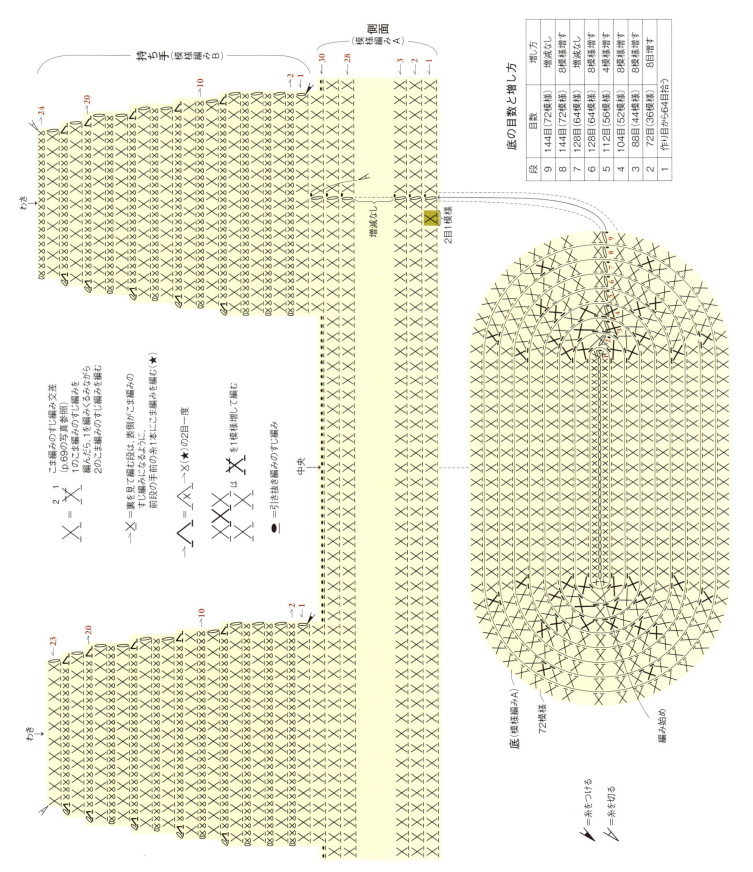

編み込み模様の巾着バッグ

写真27ページ

〔用意するもの〕
糸：ハマナカ エコアンダリヤ（40g玉巻）
黒（30）145g　ベージュ（23）50g
針：6/0号かぎ針

〔ゲージ〕　こま編みのすじ編みの
編み込み模様　20目、13.5段＝10cm角

〔サイズ〕　入れ口幅36cm　深さ25.5cm

〔編み方〕　糸は1本どりで編みます。
底はくさり25目を作り目し、こま編みで図のように増しながら四角形に編みます。続けて側面をこま編みのすじ編みの編み込み模様（p.84の写真参照）で増減なく編みます。入れ口の1段めはこま編みのすじ編みで、ひも通し穴をあけながら編みます。2〜8段めはこま編みで編みます。肩ひもは指定の位置に糸をつけ、こま編みで往復に編みます。合印どうしを引き抜き編みではぎます。ストッパーはくさりで作り目し、こま編みで編んで輪にします。ひもを編んで入れ口とストッパーに通し、ひも先をひと結びします。

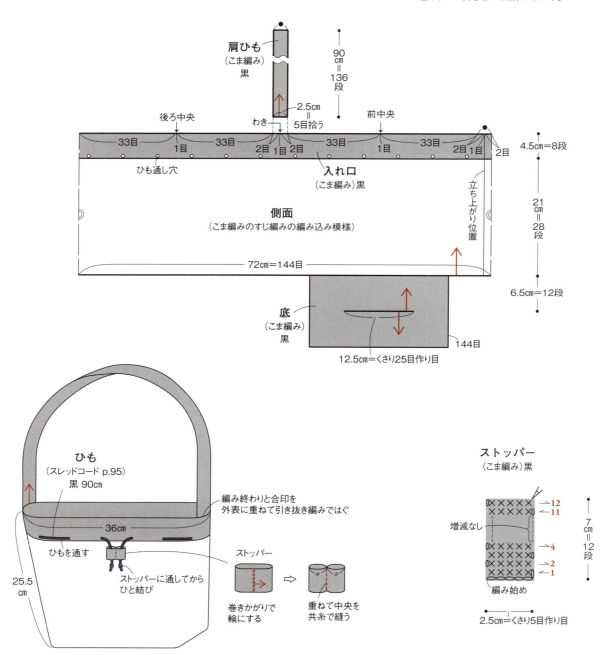

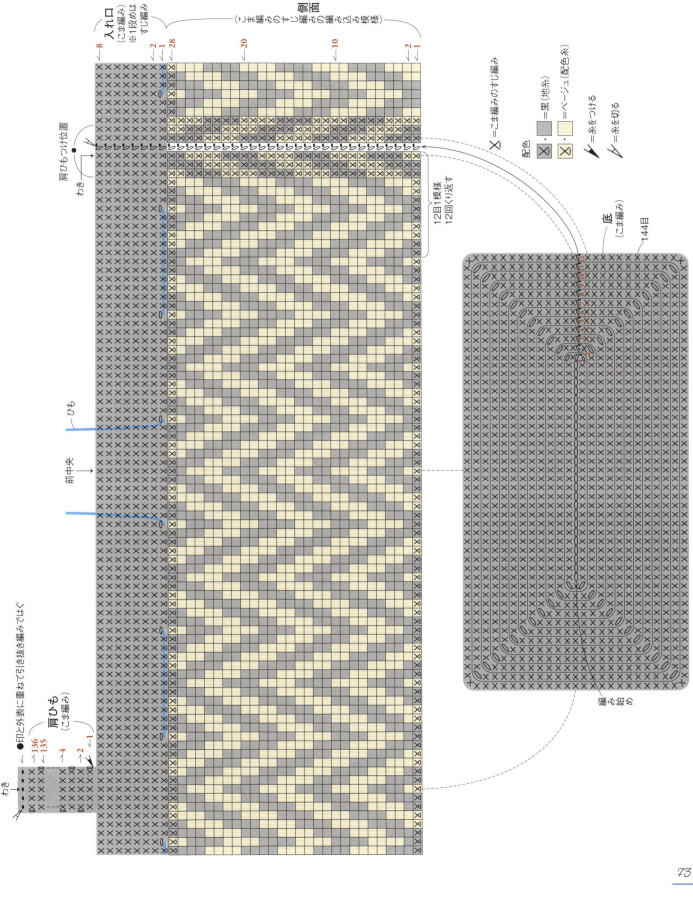

リボンのクラッチバッグ

写真 28-29 ページ

〔用意するもの〕
糸：ハマナカ エコアンダリヤ（40g玉巻）
黒（30）145g
針：6/0号かぎ針
その他：長さ100cmのバッグ用チェーン
直径1.4cmのマグネットホック2組
内径1cmのDカン2個

〔ゲージ〕 うね編み
18目、17.5段＝10cm角

〔サイズ〕 図参照

〔編み方〕 糸は1本どりで編みます。
本体、リボンはそれぞれくさりで作り目し、うね編みで増減なく編みます。まち、リボンどめはそれぞれくさりで作り目し、こま編みで増減なく編みます。本体とまちを外表に重ね、本体側から2枚一緒にこま編みでとじ合わせます。ふたは指定の位置でリボンを重ねてこま編みを編み、反対側のまちも同様にとじ合わせ、前側の入れ口側にもこま編みを編みます。リボンにリボンどめを巻きつけて巻きかがりで輪にします。マグネットホック、Dカンをつけ、バッグ用チェーンをつけます。

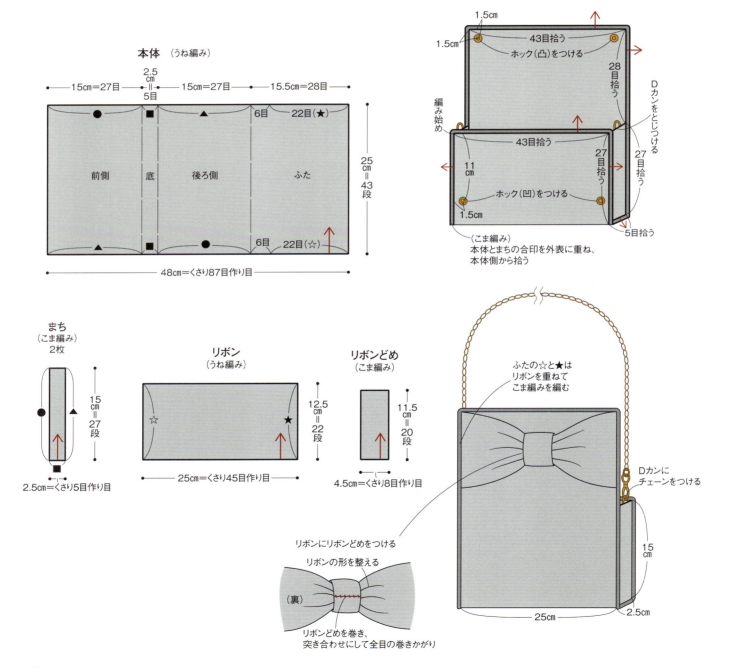

本体

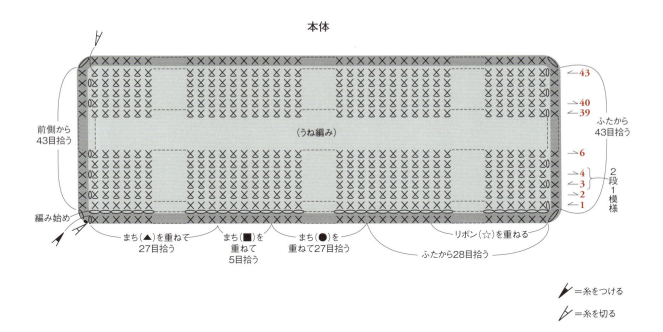

まち（こま編み）　　**リボン**（うね編み）　　**リボンどめ**（こま編み）

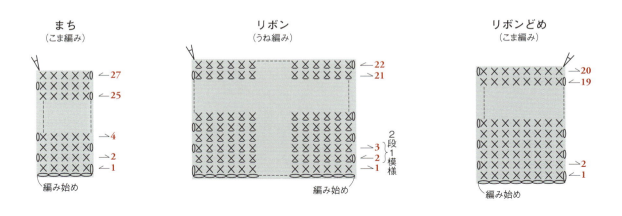

うね編みの編み方

○わかりやすいように糸の色をかえています。

裏側

1 1段めは作り目のくさりにこま編みを編む。2段めは前段の向こう側1本をすくってこま編みを編む。

2 3段めは同様に前段の向こう側1本をすくってこま編みを編む。

3 2段で一つのうねができる。

丸ハンドルの半円バッグ

写真 30-31 ページ

[用意するもの]

糸：ハマナカ エコアンダリヤ（40g玉巻）
レトログリーン（68）300g

針：6/0号かぎ針

その他：直径15cmの竹製丸ハンドル1組

[ゲージ]　模様編み　18.5目＝10cm
こま編み　16目＝9cm　17段＝10cm

[サイズ]　図参照

[編み方]　糸は1本どりで編みます。

側面はくさり55目を作り目、模様編みで目を増しながら往復に編みます。持ち手通しは作り目から拾い目し、こま編みで増減なく編みます。同じものをもう1枚編みます。まちはくさりで作り目し、こま編みで目を増減しながら編みます。側面とまちを外表に重ね、側面側から2枚一緒にねじりこま編みでとじ合わせます。持ち手通しの端にこま編みを編み、続けて側面とまちの端にねじりこま編みを編みます。反対側も同様に編みます。ハンドルを持ち手通しでくるみ、内側にとじつけます。

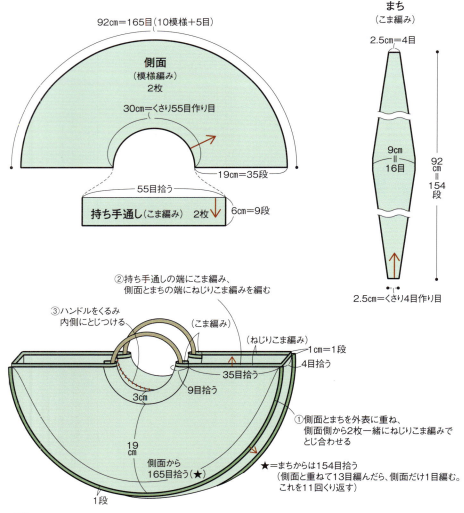

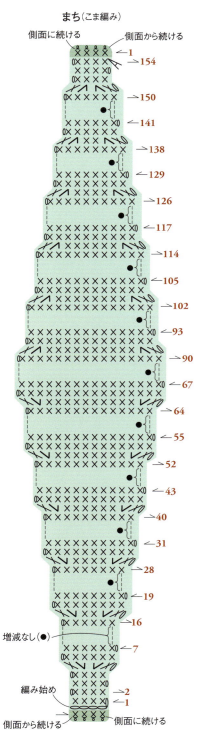

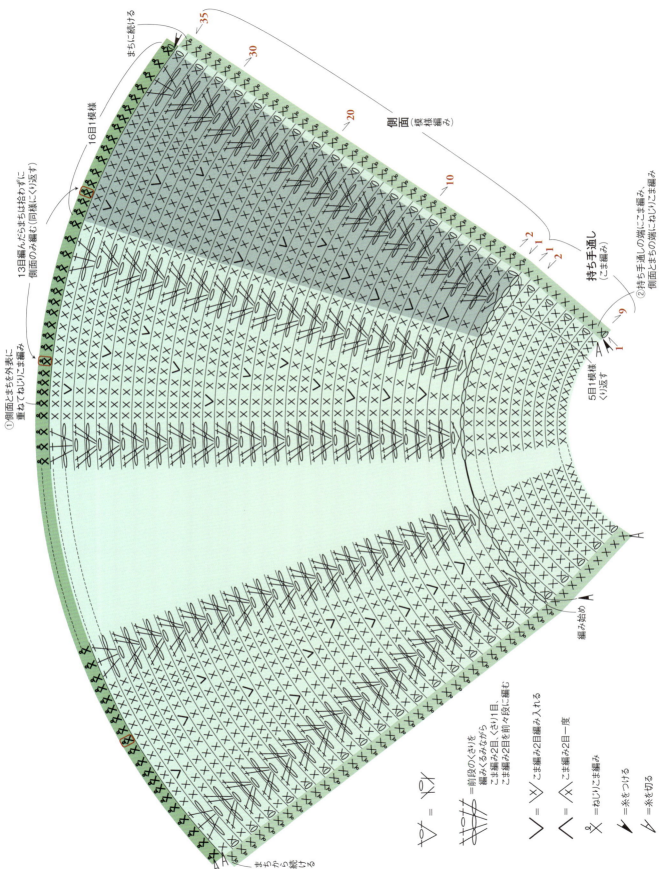

モチーフつなぎのバッグ

写真16-17ページ

〔用意するもの〕
糸：ハマナカ エコアンダリヤ（40g玉巻）
黒（30）145g　ベージュ（23）115g
針：6/0号かぎ針
〔モチーフの大きさ〕 9cm×9cm
〔サイズ〕 図参照

〔編み方〕 糸は1本どりで編みます。
モチーフは糸端を輪にし、図のように毎段色をかえて編みます（p.79の写真参照）。全部で24枚編んだら2枚を外表に合わせ、①〜⑫の番号順に2枚一緒にこま編みを編んでつなぎます。入れ口と持ち手はこま編みで編みますが、2段めでくさり60目ずつを作り目し、図のように編みます。持ち手まわりにこま編みを1段編みます。

モチーフ 24枚

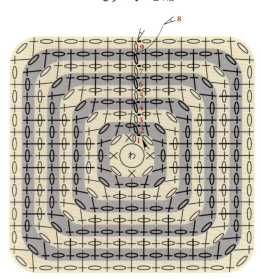

側面（モチーフつなぎ）

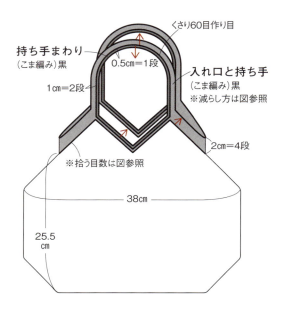

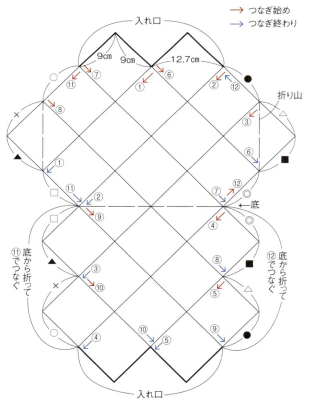

※①〜⑩の番号順にモチーフを外表に重ね、
　黒でこま編みを編みながらつなぐ（p.79の写真参照）
　底から折って合印どうしを合わせ、⑪、⑫で同様につなぐ

78

モチーフの編み方

○モチーフをつなぐ糸は色をかえています。

1
ベージュの糸で糸端を輪にし、1段めの最後のくさりの手前のこま編みまで編む。

2
ベージュの糸を手前から向こう側にかける。

3
黒の糸を針にかけて引き抜く。

4
最初の目に針を入れ、黒の糸をかけて引き抜く。ベージュの糸は切らずに残しておく。

5
黒の糸で2段めを編む。2段めの最後のこま編みを引き抜く手前（こま編みの糸を引き出すところ）まで編んだら、黒の糸を手前から向こう側にかける。

6
休めておいたベージュの糸をかけて引き抜く。

7
2段めの最後の引き抜き編みは、2段めの最初のくさりごとすくって編む。

8
引き抜いたところ。黒の糸は切らずに残しておく。

9
ベージュの糸で3段めを編んでいく。3段めのこま編み（角は除く）は前々段（1段めの頭）に針を入れ、前段のくさりを編みくるみながらこま編みを編む。

モチーフのつなぎ方

10
前々段にこま編みを編んだところ。

11
図を見ながら9段めまで編む。色をかえるときは、2・3と5・6と同様に、段の編み終わりの引き抜き編みを編む手前で次の段の色にかえる。

モチーフをつなぐときは、モチーフを外表に合わせ、こま編みの頭またはくさりごとすくってこま編みを編む。

79

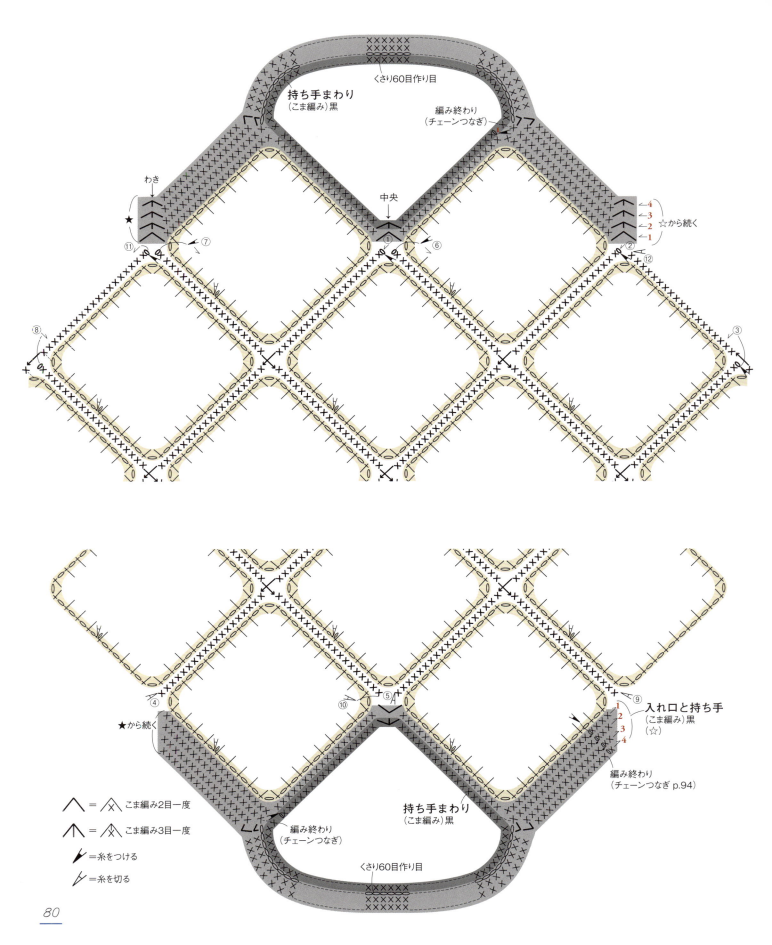

引き上げ模様のトートバッグ

写真 32-33 ページ

〔用意するもの〕
糸：ハマナカ エコアンダリヤ（40g玉巻）
a　ベージュ（23）360g
b　ライトブラウン（15）360g
針：6/0号かぎ針
〔ゲージ〕　模様編み、こま編み
18目、18段＝10cm角
〔サイズ〕　図参照

〔編み方〕　糸は1本どりで編みます。
側面はくさり71目を作り目し、模様編みで増減なく往復に編みます。同じものをもう1枚編みます。まちはくさりで作り目し、こま編みで増減なく往復に編みます。側面とまちを外表に重ね、側面側から2枚一緒にバックこま編みでとじ合わせます。入れ口にバックこま編みを輪に編みます。持ち手はくさりで作り目し、図のように増しながら編みます。側面の内側に持ち手をとじつけます。

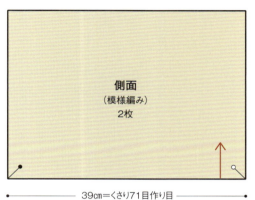

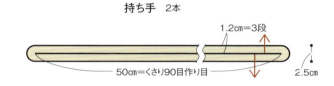

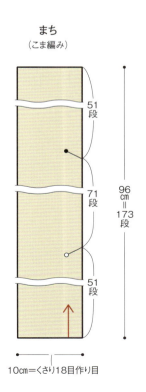

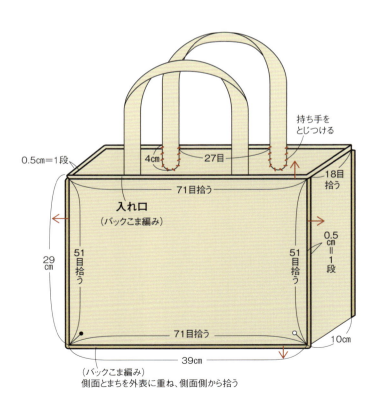

81

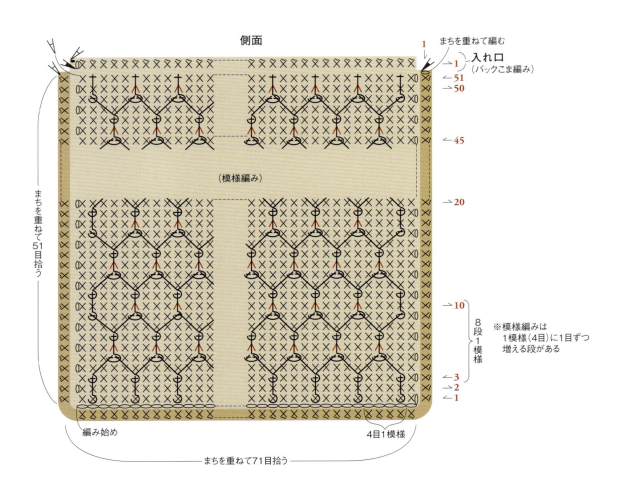

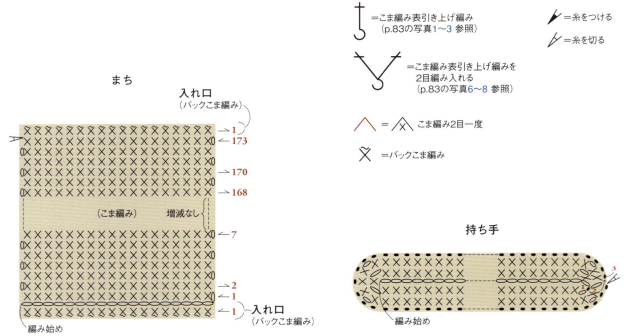

模様編みの編み方

1 こま編みで往復に2段めまで編む。3段めのこま編み表引き上げ編みは、前々段（1段め）のこま編みの足に針を入れる。

2 糸を長めに引き出し、こま編みと同じ要領で編む。

3 こま編み表引き上げ編みが編めた。こま編み3目とこま編み表引き上げ編み1目をくり返す。

4 4段めはこま編みを編む。5段めはこま編みを3目編んだら、前々段（3段め）の2目めのこま編み表引き上げ編みの足に針を入れる。

5 こま編み表引き上げ編みを編む。

6 続けて前々段（3段め）の6目めのこま編み表引き上げ編みの足に針を入れ、こま編み表引き上げ編みを編む。

7 こま編みを3目編み、6と同じ目にこま編み表引き上げ編みを編む（同じ目に2目編み入れられる）。

8 編んだところ。6・7の要領で5段めを編む。この段は目数が1模様に1目ずつ増える。

9 6段めはこま編みを編むが、指定の位置でこま編み2目一度を編む（目数が元に戻る）。

10 7段めはこま編みを3目編んだら、5段めのこま編み表引き上げ編み2目分の足に針を入れる。

11 こま編み表引き上げ編みを編む。こま編み3目とこま編み表引き上げ編みをくり返す。

12 図を見ながら同様に編む。8段で1模様。引き上げ編みの長さをそろえると、模様がきれいに仕上がる。

編み込み模様の
トートバッグ

写真34ページ

〔用意するもの〕
糸：ハマナカ エコアンダリヤ（40g玉巻）
ベージュ（23）170g　ブルー（20）75g
針：6/0号かぎ針

〔ゲージ〕　こま編みのすじ編みの
編み込み模様　21目、13段＝10cm角

〔サイズ〕　入れ口幅43cm　深さ29.5cm

〔編み方〕　糸は1本どりで編みます。
底はくさり43目を作り目し、こま編みで図のように増しながら四角形に編みます。続けて側面をこま編みのすじ編みの編み込み模様で増減なく編みます。入れ口と持ち手はこま編みで編みますが、3段めでくさり65目ずつを作り目し、持ち手の両端で目を減らしながら編みます。

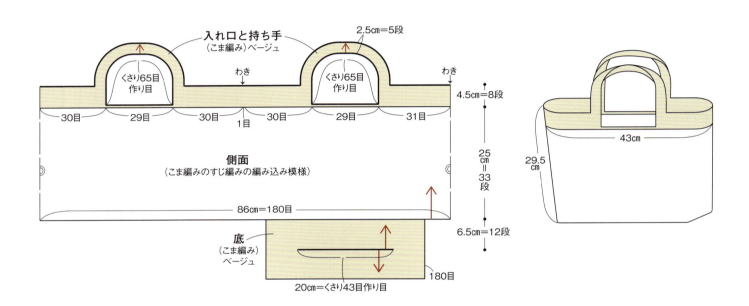

こま編みのすじ編みの編み込み模様の編み方

1 地糸（ベージュ）で配色糸（ブルー）を編みくるみながら、こま編みのすじ編み（p.93参照）を編む。

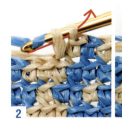

2 色をかえるときは、最後の目を引き抜くときに配色糸にかえて引き抜き、今度は配色糸で地糸を編みくるみながら編む。

3 地糸に戻るときは、手前にある地糸を配色糸と交差させてから向こう側におき、1と同様に編む（交差させることで糸玉がからまない）。

84

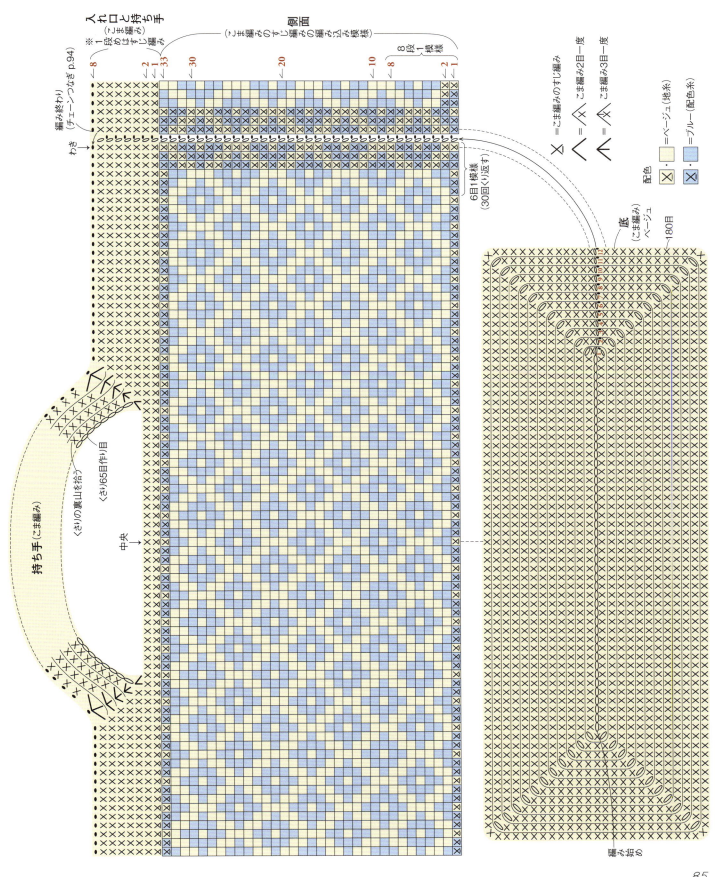

ワンハンドルの かごバッグ

写真35ページ

〔用意するもの〕
糸：ハマナカ エコアンダリヤ（40g玉巻）
カーキ（59）160g
針：6/0号かぎ針
〔ゲージ〕 模様編み（持ち手を除く）
14目、23段＝10cm角
〔サイズ〕 入れ口幅14cm 深さ16.5cm
〔編み方〕 糸は1本どりで編みます。

底は糸端を輪にし、こま編みを6目編み入れます。2段めからは図のように増しながら16段めまで編みます。続けて側面を模様編みで増減なく37段めまで編み、38段めは持ち手位置の7目以外はねじりこま編みで編みます。続けて持ち手を増減なく往復に編み、もう片方は糸をつけて同様に編みます。持ち手の合印どうしを引き抜き編みではぎます。

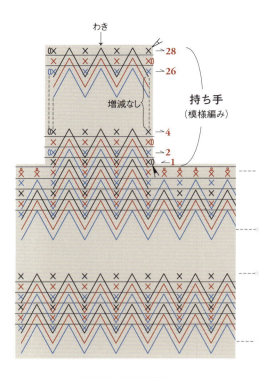

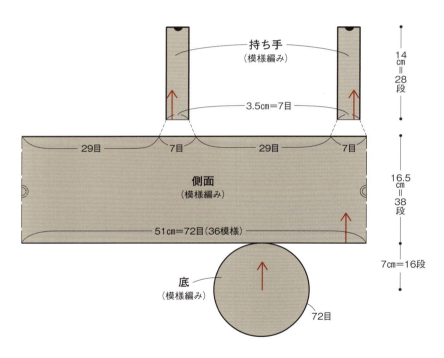

底の4段め・5段めの編み方

1 4段めの ✝ は3段めと2段めを編みくるみながら1段めにこま編みを編む。

2 5段めの ∧ は4段めと3段めを編みくるみながら2段めにこま編み2目一度を編む。

底の目数と増し方

段	目数	増し方
15・16	72目	増減なし
14	72目	12目増す
13	60目	増減なし
12	60目	12目増す
9〜11	48目	増減なし
8	48目	12目増す
7	36目	増減なし
6	36目	12目増す
5	24目	増減なし
4	24目	毎段6目増す
3	18目	
2	12目	
1	6目編み入れる	

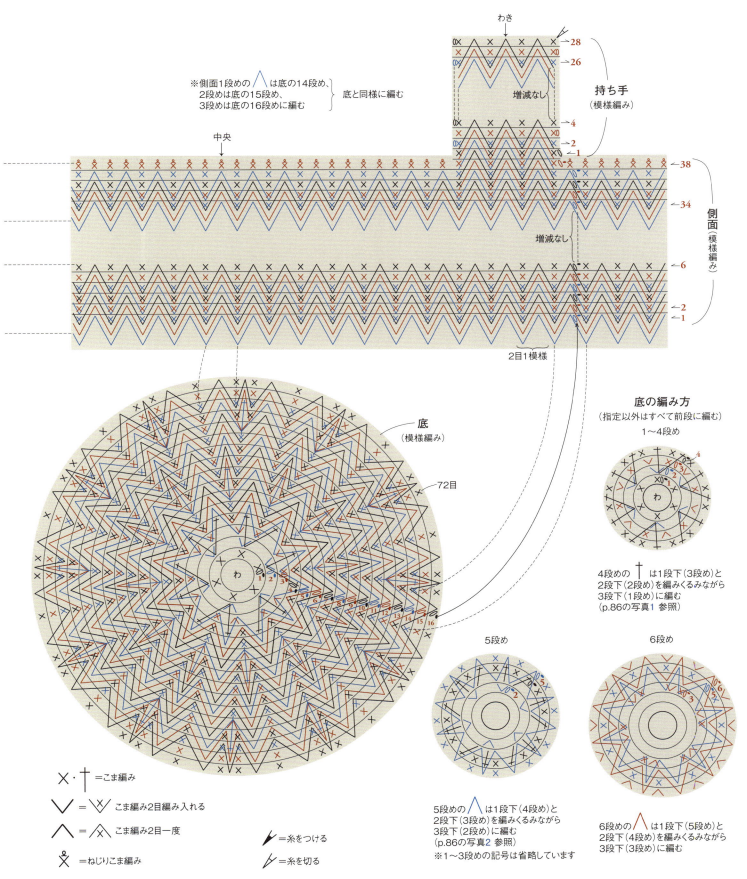

リボンの
ショルダーバッグ

写真36ページ

〔用意するもの〕
糸：ハマナカ エコアンダリヤ（40g玉巻）
サンドベージュ（169）190g
針：6/0号かぎ針
その他：直径1.8cmのマグネットホック1組

〔ゲージ〕 模様編みA
18目、15段＝10cm角

〔サイズ〕 入れ口幅33cm　深さ33cm

〔編み方〕　糸は1本どりで編みます。
底はくさり44目を作り目し、模様編みAで図のように増しながら編みます。続けて側面を模様編みAで編みます。肩ひもは指定の位置から拾い目し、模様編みBで編みます。肩ひもの合印どうしを突き合わせにして全目の巻きかがりにします。リボン、リボンどめをくさりで作り目し、模様編みBで編み、肩ひも中央にとじつけます。マグネットホックをつけます。

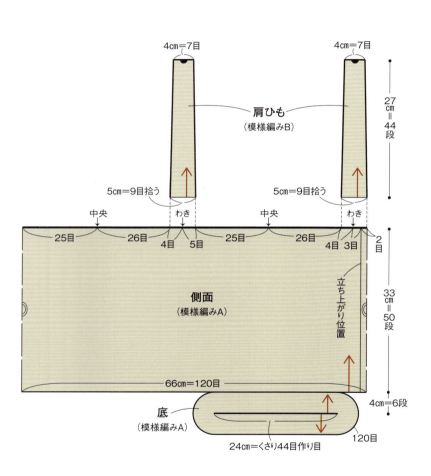

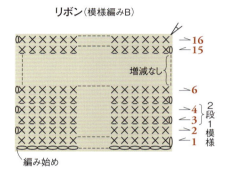

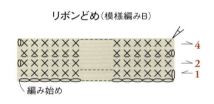

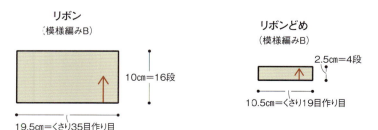

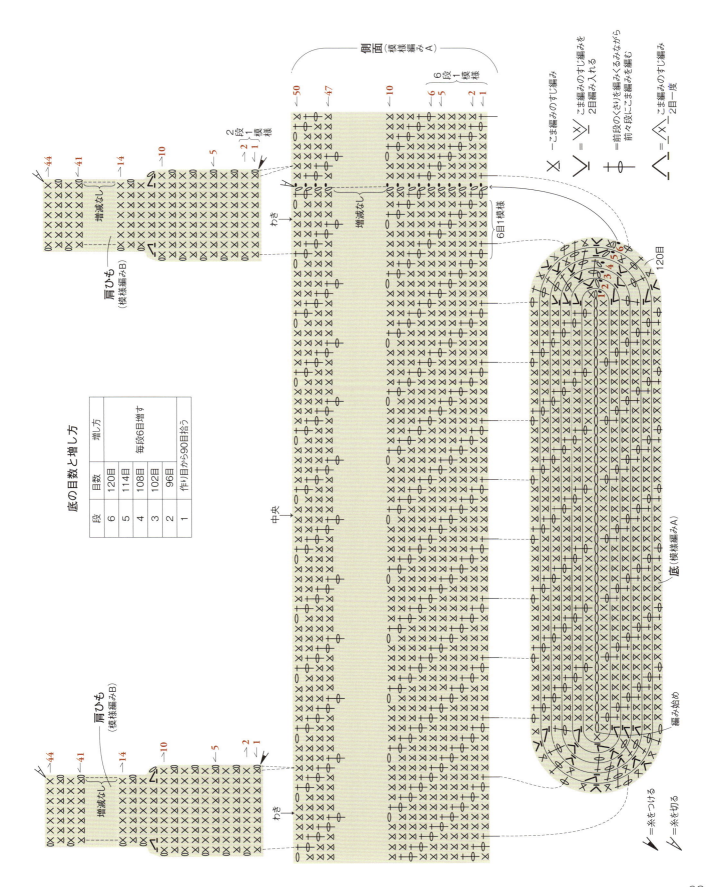

ブレードを組む ショルダーバッグ

写真37ページ

〔用意するもの〕
糸：ハマナカ エコアンダリヤ（40g玉巻）
カーキ（59）180g
針：6/0号かぎ針
その他：直径1.4cmのマグネットホック2組
内径1.5cmのDカン2個
内径1.5cmのナスカン2個
〔ゲージ〕 こま編み
18目、18段＝10cm角
〔サイズ〕 図参照

〔編み方〕 糸は1本どりで編みます。
ふたのたて、ふたの横、まち、肩ひもはくさりで作り目し、こま編みで増減なく往復に編みます。本体はふたのたてと横を交互に並べて拾い目し、こま編みで増減なく編みます。続けて前端に引き抜き編みを編み、本体とまちを外表に重ねて本体側から2枚一緒にこま編みでとじ合わせます。ふたのまわりにもこま編みを編み、反対側のまちも同様にとじ合わせます。マグネットホックをつけます。Dカンをつけ、肩ひもをナスカンに通してとじつけます。

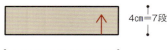

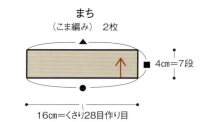

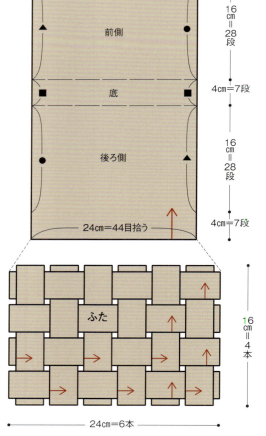

※ふたのたてと横にアイロンをかけてから、交互になるように並べる
（拾いにくい場合は、ふたのまわりにしつけをかける）

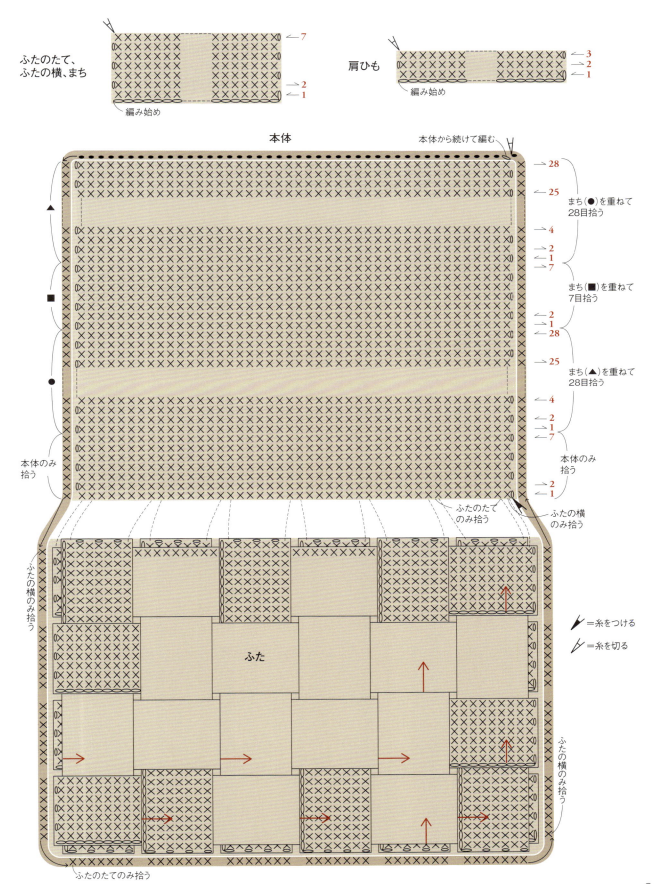

モバイルポシェット

写真38ページ

〔用意するもの〕
糸：ハマナカ エコアンダリヤ（40g玉巻）
ネイビー（57）60g
針：6/0号かぎ針
その他：直径1.4cmのマグネットホック1組

〔ゲージ〕 模様編み
21目（7模様）、17段＝10cm角

〔サイズ〕 幅11.5cm 深さ17.5cm

〔編み方〕 糸は1本どりで編みます。
底はくさり18目を作り目し、こま編みを編みます。2段めからは模様編みで図のように増しながら編みます。続けて側面を模様編みで編みます。ベルトはくさり20目を作り目し、こま編みで編み、後ろ側にとじつけます。肩ひもをえび編みで編み、わきにとじつけます。マグネットホックをつけます。

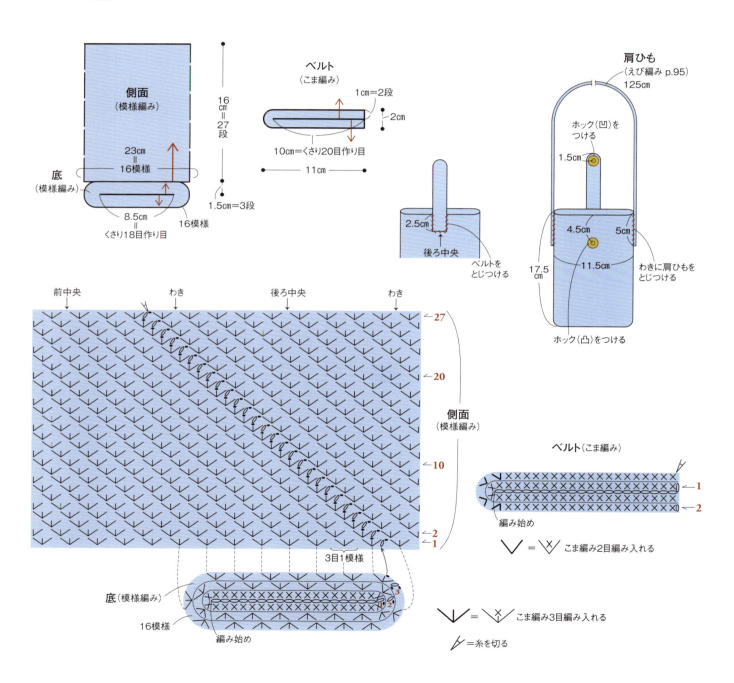

かぎ針編みの基礎

[編み目記号]

くさり編み	**1** 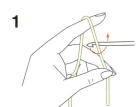	**2** 	**3** 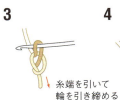 糸端を引いて輪を引き締める	**4**	**5** 

こま編み

1
立ち上がりのくさり編み1目
くさり編み1目で立ち上がり、作り目の1目めをすくう

2
針に糸をかけ、矢印のように引き出す

3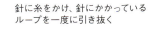
針に糸をかけ、針にかかっているループを一度に引き抜く

4
1目でき上がり。こま編みは立ち上がりのくさり編みを1目に数えない

5
1〜3をくり返す

6

引き抜き編み

1
前段の目の頭をすくう

2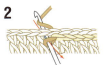
針に糸をかけ、一度に引き抜く

3
1・2をくり返し、編み目がつれない程度にゆるめに編む

こま編み2目編み入れる

1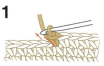
こま編みを1目編み、同じ目にもう一度編む

2
1目増える

こま編み3目編み入れる

「こま編み2目編み入れる」の要領で同じ目に3回針を入れてこま編みを編む

こま編み2目一度

1
1目めの糸を引き出し、続けて次の目から糸を引き出す

2
針に糸をかけ、針にかかっているすべてのループを一度に引き抜く

3
こま編み2目が1目になる

こま編み3目一度
「こま編み2目一度」の要領で3目引き出し、3目を一度に編む

こま編みのすじ編み

1
前段の頭の向こう側の1本だけすくう

2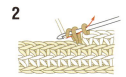
こま編みを編む

3
前段の目の手前側の1本の糸が残ってすじができる

	1	2	3		
うね編み	 前段の頭の向こう側の1本だけをすくう	 こま編みを編む	 毎段向きをかえて往復編みで編む。2段で一つのうねができる		

	1	2	3	4	5
バックこま編み	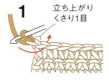 立ち上がりくさり1目 針を手前側からまわして矢印のようにすくう	針に糸をかけて矢印のように引き出す	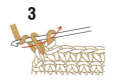 針に糸をかけ、2つのループを引き抜く	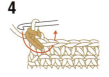 1〜3をくり返し、左側から右側へ編み進む	

	1	2	3	4	5
ねじりこま編み	 立ち上がりくさり1目 こま編みの要領で、長めに糸を引き出し、矢印のように針先を手前側へまわす	 針をさらに向こう側へまわす	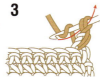 編み目をねじったまま針に糸をかけ、糸をゆるめに引き抜く	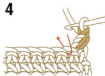 1〜3をくり返す	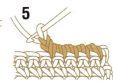 右側から左側へ編み進む

	1	2	3	4	5
こま編み 表引き上げ編み	矢印のように針を入れ、前段の足を表側からすくう	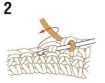 針に糸をかけ、こま編みより長めに糸を引き出す	針に糸をかけ、2つのループを引き抜く	こま編みと同じ要領で編む	

[全目の巻きかがり]

編み地を外表に合わせ、こま編みの頭2本を1目ずつすくって引き締める

[糸の渡し方]

1 目を大きく広げ、編み糸を通す。編み地を裏返す

2 ゆるめに渡す
次の段を編む

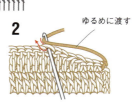

[チェーンつなぎ]

1 編み終わりの目の糸を引き出し、針に通して編み始めの目に通す

2 編み終わりの目に針を通し、裏側で糸の始末をする

[編み始め]

くさり編みの作り目に編みつける方法

◎くさりの半目と裏側の山をすくう方法

1
くさり目の向こう側の糸と裏側の山の糸の2本をすくう

2 **3** **4**

◎くさり目の裏側の山だけすくう方法

作り目のくさりがきれいに出る

糸端を輪にする作り目（1回巻き）

1 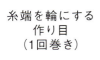 **2** **3** **4**
針に糸をかけ、矢印のように糸を引き出す
立ち上がりのくさり編みを編む

5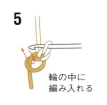
輪の中に編み入れる

6

7
糸端の糸も一緒に編みくるむ

8
きつく引く
必要目数を編み入れ、糸端を引き締める。1目めに矢印のように針を入れる

9
針に糸をかけ、引き抜く

10

[ひもの編み方]

スレッドコード編み

1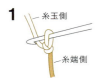
糸玉側
糸端側
糸端を仕上がりの約3〜3.5倍の長さを残し、端の目を作る

2
糸端側の糸を針の手前から向こう側にかける

3
針に糸玉側の糸をかけ、針にかかっている糸2本を引き抜く。これで1目でき上がり

4
2・3をくり返す

えび編み

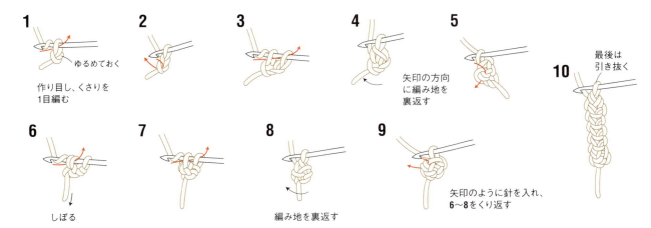

1 ゆるめておく
作り目し、くさりを1目編む

2

3

4 矢印の方向に編み地を裏返す

5

10 最後は引き抜く

6 しぼる

7

8 編み地を裏返す

9 矢印のように針を入れ、6〜8をくり返す

95

橋本真由子 MAYUKO HASHIMOTO

千葉県生まれ、東京都在住。レース編みをしていた母の影響で、幼い頃から手芸や洋裁に親しむ。文化女子大学（現 文化学園大学）在学中に編み物に出会い、卒業後に通信教育で基礎を学び直す。1本の糸から自由な形を生み出せる編み物に魅了され、フリーのデザイナーとなる。シンプルでありながら凝って見える編み方を得意とし、書籍や雑誌に作品を多数発表している。著書に『形がかわいい、編み地が楽しい エコアンダリヤのかごバッグ＋帽子』『決定版 人気の手編みざぶとん』『部屋に合う、シンプルでおしゃれな手編みざぶとん』（すべて朝日新聞出版）がある。

ブックデザイン	塚田佳奈（ME&MIRACO）
撮影	滝沢育絵
プロセス撮影	中辻 渉
スタイリング	長坂磨莉
モデル	マリークレア
ヘアメイク	宇津木明子
トレース	大楽里美
制作協力	岡野とよ子
編集協力	善方信子
校正	渡辺道子
編集	小出かがり
編集デスク	森 香織（朝日新聞出版 生活・文化編集部）

「エコアンダリヤ」提供
ハマナカ株式会社
〒616-8585　京都市右京区花園薮ノ下町2番地の3
Fax. 075-463-5159
コーポレートサイト　hamanaka.co.jp
メールアドレス　info@hamanaka.co.jp

※材料の表記は、2025年3月現在のものです。
※印刷物のため、作品の色は実物とは多少異なる場合があります。
※本書に掲載している写真、作品、製図などを製品化し、ハンドメイドマーケットやSNS、オークションでの個人販売、ならびに実店舗、フリーマーケット、バザーなど営利目的で使用することはお控えください。個人で手作りを楽しむためのみにご使用ください。
※お電話等での作り方に関する質問は、お受けしておりません。

エコアンダリヤで編（あ）む こま編（あ）みのバッグ

著　者	橋本真由子
発行者	片桐圭子
発行所	朝日新聞出版
	〒104-8011　東京都中央区築地5-3-2
	（お問い合わせ）infojitsuyo@asahi.com
印刷所	株式会社シナノグラフィックス

©2025 Mayuko Hashimoto
Published in Japan by Asahi Shimbun Publications Inc.
ISBN 978-4-02-333430-4

定価はカバーに表示してあります。
落丁・乱丁の場合は弊社業務部（☎03-5540-7800）へご連絡ください。送料弊社負担にてお取り替えいたします。

本書および本書の付属物を無断で複写、複製（コピー）、引用することは著作権法上での例外を除き禁じられています。
また代行業者等の第三者に依頼してスキャンやデジタル化することは、たとえ個人や家庭内の利用であっても一切認められておりません。